Larousse

La **vuelta** al **mundo** en
80 platillos

Larousse

La **vuelta** al **mundo** en **80 platillos**

LAROUSSE

Dirección editorial
Tomás García Cerezo

Editora responsable
Verónica Rico Mar

Asistente editorial
Gustavo Romero Ramírez

Diseño de interiores
Rossana Treviño Tobías / Visión Tipográfica Editores, S. A. de C. V.

Formación
Pedro Molinero / Quinta del Agua Ediciones, S. A. de C. V.

Diseño de portada
Ediciones Larousse, S. A. de C.V. con la colaboración de Vea Diseño, S. C.

Fotografía
© 2008 JupiterImages Corporation
Archivo gráfico Ediciones Larousse, S. A. de C. V.
Archivo JM Editorial
Federico Gil
Fotodisk, S.A.
Latin Stock
Photostock / Age fotostock
Photostock / Food And Drink Photos
Photostock / Photocuisine
Photostock / Stock Food

© 2009 Ediciones Larousse, S. A. de C. V.
Renacimiento 180, Col. San Juan Tlihuaca,
C.P. 02400. México, D. F.

ISBN 978-607-4-00090-0

Primera edición
Segunda reimpresión

CONTENIDO

<table>
<tr><td>Rinde:</td><td>6 porciones</td></tr>
<tr><td>Preparación:</td><td>10 min</td></tr>
<tr><td>Cocción:</td><td>30 min</td></tr>
<tr><td>Reposo:</td><td>2 h</td></tr>
<tr><td>Costo:</td><td>1</td></tr>
<tr><td>Dificultad:</td><td>1</td></tr>
</table>

ENTRADA

Kartoffelsalat

INGREDIENTES

- 1 ½ kg de papas
- 4 cucharadas de aceite
- 2 cucharadas de vinagre
- 1 taza de caldo de carne
- 1 cebolla fileteada
- sal y pimienta al gusto

PROCEDIMIENTO

1. Cueza las papas a partir de agua fría sin que queden muy cocidas. Déjelas enfriar.

2. Pele las papas y rebánelas. Póngalas en un tazón y agregue los demás ingredientes. Deje reposar por 2 horas o de preferencia toda la noche en refrigeración.

Si lo desea, mezcle en la ensalada un poco de perejil picado o trozos pequeños de tocino frito.

Esta especialidad alemana puede ser el acompañamiento ideal para carnes y embutidos. No olvide servirla con cerveza.

Empanadas
con chimichurri

Rinde:	12 piezas
Preparación:	1 h 30 min
Reposo:	1 día
Cocción:	50 min
Costo:	2
Dificultad:	2

ENTRADA

INGREDIENTES

Relleno

3 cucharadas de aceite

1 cebolla grande picada finamente

½ cucharadita de pimentón o páprika

½ kg de carne de res molida

1 pimiento picado finamente

2 huevos cocidos picados

sal al gusto

Masa

½ kg de harina

1 yema

5 cucharadas de manteca de cerdo fundida

sal al gusto

1 taza de leche

cantidad suficiente de agua tibia

Armado

manteca de cerdo o aceite para freír

12 aceitunas sin hueso

Chimichurri

1 taza de perejil picado

¼ de taza de albahaca picada

2 cucharaditas de chile pasilla molido

1 taza de aceite de maíz

¼ de taza de ajo picado finamente

1 cucharada de orégano molido

½ taza de vinagre de manzana

2 cucharadas de jitomate sin piel ni semillas, cortado en cubos chicos

PROCEDIMIENTO

Relleno

1. Caliente el aceite en un sartén amplio y sofría la cebolla a fuego bajo hasta que se dore. Agregue el pimentón y la carne; deje sobre el fuego por 10 minutos. Añada el pimiento y sofría nuevamente hasta que todos los ingredientes estén cocidos; verifique la sal, agregue los huevos cocidos, mezcle y reserve.

Masa

1. Haga una fuente con la harina y en el centro coloque la yema, la manteca fundida y un poco de sal. Amase y vierta la leche poco a poco; mezcle. Agregue agua tibia hasta obtener una masa uniforme que no se pegue en las manos.

Armado

1. Caliente la manteca de cerdo en una cacerola.

2. Divida la masa en doce partes y estírelas con un rodillo sobre una superficie enharinada hasta obtener un grosor de 3 milímetros. Corte círculos con un cortador y ponga en cada uno una cucharada del relleno y una aceituna. Cierre las empanadas repulgando los bordes.

3. Fría las empanadas en la manteca y acompáñelas con el chimichurri.

Chimichurri

1. Mezcle todos los ingredientes en un frasco, tape y agite bien. Refrigere por 24 horas antes de utilizar.

Torta
pascualina

Rinde: 6 porciones
Preparación: 15 min
Reposo: 20 min
Cocción: 1 h 10 min
Costo: 2
Dificultad: 2
Material específico: Molde p/tarta

PLATO FUERTE

INGREDIENTES

4 cucharadas de aceite

1 cebolla mediana picada finamente

2 tazas de espinacas cocidas y picadas

2 tazas de acelgas cocidas y picadas

1 taza de queso mozarella rallado

1 pizca de nuez moscada

7 huevos

1 cucharada de fécula de maíz

sal y pimienta al gusto

½ kg de pasta de hojaldre

harina para extender la pasta

PROCEDIMIENTO

1. Acitrone la cebolla en el aceite; añada las espinacas y las acelgas, cocine por 5 minutos o hasta que se evapore todo el líquido. Retire y deje enfriar durante 20 minutos.

2. En un tazón coloque el queso, la nuez moscada, dos huevos y la fécula de maíz. Mezcle hasta obtener una textura homogénea. Añada la mezcla de las espinacas e incorpore muy bien; salpimiente.

3. Precaliente el horno a 160 ºC.

4. Extienda la pasta de hojaldre de ½ centímetro de grosor sobre una superficie enharinada. Forre el molde para tarta con la pasta y distribuya el relleno de espinacas. Empareje con una cuchara y haga cuatro huecos en la superficie. Rompa un huevo dentro de cada cavidad.

5. Cubra la tarta con el resto de la pasta de hojaldre y pliegue la orilla. Barnice con el huevo restante batido ligeramente.

6. Hornee durante 5 minutos en la base del horno y después por 50 minutos en la parte media del horno.

7. Saque del horno, deje entibiar y sirva.

Si lo desea, decore con hojas de perejil y piñones.

Alfajores

Rinde:	12 porciones
Preparación:	20 min
Reposo:	30 min
Cocción:	1 h 20 min
Costo:	1
Dificultad:	1

POSTRE

INGREDIENTES

Dulce de leche

375 ml (1 lata) de leche evaporada

390 g (1 lata) de leche condensada

Alfajores

2 ¼ tazas de harina

100 g de azúcar glass

½ taza de mantequilla a temperatura ambiente

PROCEDIMIENTO

Dulce de leche

1. Mezcle las dos leches en una olla con fondo grueso y cocine a fuego bajo, moviendo continuamente hasta que la mezcla espese y se pueda ver el fondo de la olla (aproximadamente 1 hora). Enfríe antes de utilizar.

Alfajores

1. Precaliente el horno a 190 °C. Cierna encima de la superficie de una mesa los ingredientes secos. Haga un hueco en el centro y agregue la mantequilla; mezcle los ingredientes con la punta de los dedos y después amáselos ligeramente. Refrigere por 30 minutos.

2. Estire la masa hasta que obtenga un grosor de 4 milímetros y corte con un cortador ovalado o redondo.

3. Coloque los alfajores sobre una charola engrasada y enharinada. Hornee por 12 minutos o hasta que comiencen a dorarse sin que tomen un color marrón. Déjelos enfriar; ponga dulce de leche sobre un alfajor y cierre con otro. Proceda de la misma forma hasta terminar.

En la actualidad existen muchas versiones del tradicional alfajor. Ésta es una de ellas, tan exquisita como las demás.

Espolvoree los alfajores con azúcar glass, esto les dará un toque de refinamiento; o, para una versión diferente, incorpore ½ taza de nuez picada al dulce de leche antes de rellenar los alfajores.

Linzertorte

Rinde:	6-8 porciones
Preparación:	20 min
Cocción:	1 h
Costo:	2
Dificultad:	2
Material específico:	Molde p/tarta

POSTRE

INGREDIENTES

270 g de mantequilla

190 g de azúcar

4 huevos

1 cucharadita de ron

la ralladura de un limón

1 pizca de clavo de olor molido

1 pizca de canela molida

270 g de avellanas molidas

270 g de harina

3 tazas de mermelada de grosella negra

1 huevo batido ligeramente

almendras fileteadas al gusto (opcional)

PROCEDIMIENTO

1. Precaliente el horno a 180 °C.

2. Mezcle con un tenedor la mantequilla, el azúcar y los huevos. Agregue el ron, la ralladura de limón y las especias.

3. Incorpore las avellanas y la harina delicadamente.

4. Divida la masa en dos partes (una más pequeña que la otra). Con la más grande forre el molde para tarta.

5. Rellene la tarta con la mermelada; reserve un poco de ésta para el final.

6. Cubra la tarta con un enrejado de tiras de la masa restante. Barnice con huevo, distribuya las almendras y hornee durante 1 hora o hasta que se dore la tarta. Retire del horno y deje que se enfríe.

7. Utilice la mermelada que reservó para rellenar los posibles huecos en la superficie que se hayan formado al hornear y sirva.

Ésta es una especialidad originaria de Linz, una bella y antigua población fundada hace ya muchos años a orillas del Danubio.

Justo antes de hornear, puede espolvorear la superficie con azúcar para obtener una apariencia caramelizada.

Feijoada

Rinde: 8 porciones
Preparación: 20 min
Cocción: 2 h
Costo: 2
Dificultad: 1

PLATO FUERTE

INGREDIENTES

1 kg de chuleta de cerdo ahumada

½ kg de frijoles negros remojados desde la noche anterior

2 cucharadas de aceite

2 dientes de ajo pelados

4 cebollas partidas en cuartos

½ kg de carne de res magra cortada en cubos

250 g de chorizo

8 cebollas cambray picadas

sal y pimienta al gusto

PROCEDIMIENTO

1 Dore las chuletas de cerdo en su propia grasa, añada los frijoles lavados y escurridos, cubra con agua, tape y ponga a hervir.

2 Caliente un poco de aceite y dore los ajos y las cebollas. Agregue la carne de res, añada agua y deje sobre el fuego hasta que la carne se cueza. Reserve.

3 Dore el chorizo y cuézalo con un poco de agua.

4 Cuando los frijoles hayan hervido durante 1 hora, incorpore la carne de res con su caldo, las cebollas cambray picadas y, por último, el chorizo. Deje que los sabores se integren. Cuando los frijoles estén cocidos, verifique la sazón y sirva.

Esta preparación, considerada el platillo nacional, se acompaña con rodajas de naranja y arroz blanco; puede condimentarse con un poco de chile seco o fresco.

Sustituya las carnes por las de su preferencia. Agregue tocino, salchichas o jamón al gusto.

Sopa won ton

Rinde:	6 porciones
Preparación:	30 min
Cocción:	5 min
Costo:	2
Dificultad:	2

SOPA

INGREDIENTES

Won tons

100 g de carne de cerdo molida

100 g de camarones picados finamente

½ cucharada de sal

1 cucharada de fécula de maíz

1 cucharada de vino de arroz

1 clara para cerrar las envolturas

30 láminas de pasta para won ton

Sopa

8 tazas de caldo de pollo

3 hongos shitake secos remojados y fileteados

3 cebollas cambray picadas y los rabos cortados en juliana

sal al gusto

PROCEDIMIENTO

Won tons

1. Pique muy finamente la carne de cerdo y los camarones. Agregue la sal, la fécula de maíz y el vino, mézclelos hasta que se forme una pasta homogénea.

2. Coloque un poco del relleno en la esquina superior de una lámina. Con la punta tape el relleno y después enróllelo hasta la mitad de modo que quede bien cubierto. Ponga un poco de clara sobre el lado izquierdo del relleno cubierto. Doble los extremos hacia abajo, únalos con un pellizco y coloque una punta sobre la clara. Haga lo mismo con las láminas restantes.

3. Hierva los won tons en una olla grande durante 2 minutos.

4. Retírelos del fuego, enjuáguelos con agua fría y cuélelos. Reserve.

Sopa

1. Ponga a hervir el caldo, agregue sal y los hongos shitake fileteados. Añada los won tons y una vez que hierva nuevamente, baje el fuego y cocine durante 5 minutos.

2. Agregue las cebollas cambray y los rabos. Sirva inmediatamente.

Los hongos shitake son un ingrediente asiático utilizado principalmente en China, Japón y Corea. Es necesario hidratarlos antes de su utilización y eliminar el tallo o pie, ya que tiene una consistencia dura.

Para enriquecer el sabor de esta sopa, puede agregar junto con las cebollas cambray bokchoy en juliana.

Arroz frito
mixto

Rinde: 6 porciones
Preparación: 15 min
Cocción: 10 min
Costo: 2
Dificultad: 1

ENTRADA

INGREDIENTES

3 huevos batidos

sal y pimienta al gusto

3 cucharadas de aceite

1 cebolla mediana fileteada

5 cebollas cambray con rabos cortadas en diagonal

150 g de filete de res en tiras finas

2 zanahorias peladas y picadas finamente

1 rama de apio picada finamente

6 tazas de arroz cocido al vapor, frío

⅓ de taza de chícharos o ejotes picados y cocidos (opcional)

1 taza de brotes de soya

4 cucharadas de salsa de soya

150 g de camarones cocidos y picados

PROCEDIMIENTO

1 Agregue sal y pimienta a los huevos.

2 Caliente una cucharada de aceite en un wok o sartén grande y añada los huevos, inclinando el sartén para que el huevo sin cuajar vaya hacia los bordes.

3 Cuando los huevos estén casi cuajados, córtelos en trozos pequeños y resérvelos.

4 Caliente el aceite restante y sofría las cebollas a fuego alto. Agregue el filete de res, la zanahoria y el apio, saltéelos durante 2 minutos. Añada el arroz, los chícharos, los brotes de soya y deje sobre el fuego por 3 minutos más. Incorpore finalmente el huevo cocido, la salsa de soya y los camarones. Deje unos minutos más, retire del fuego y sirva.

En China este plato es tradicionalmente una entrada o un plato fuerte, más que un acompañamiento. Puede acompañarlo con pollo, carne o mariscos como mejillones o camarones.

Rollitos
primavera

Rinde:	18 piezas
Preparación:	50 min
Cocción:	35 min
Costo:	2
Dificultad:	2

ENTRADA

INGREDIENTES

Relleno

200 g de carne de cerdo sin grasa, picada finamente

2 cucharadas de aceite

½ taza de cebolla picada

1 taza de brotes de soya

1 rama de apio picado

2 hongos shitake remojados y fileteados

3 cucharadas de salsa de soya

3 cucharadas de agua o caldo

1 cucharadita de fécula de maíz

Rollitos

18 láminas de pasta para rollos primavera

aceite suficiente para freír

salsa agridulce (ver p. 30)

PROCEDIMIENTO

Relleno

1. Caliente el aceite en un wok, agregue la carne y fríala por 2 minutos.

2. Añada el resto de los ingredientes del relleno, excepto los tres últimos.

3. Deje cocinar por 2 minutos más.

4. Disuelva la fécula en el agua, agréguela al wok y cocine hasta que espese. Retire del fuego y deje enfriar.

Rollitos

1. Ponga un poco de relleno en la parte inferior de las láminas. Si utiliza de las cuadradas, colóquelas en diagonal frente a usted. Cubra el relleno con la parte inferior y dé una vuelta hacia arriba; después cúbralo con los lados y ponga encima un poco de agua para que cierre bien. Continúe enrollándolo.

2. Caliente el aceite en un wok. Fría los rollitos durante 2 minutos o hasta que se doren. Escúrralos en papel absorbente.

3. Sírvalos con salsa agridulce.

Los rollitos se pueden congelar justo antes de proceder a la cocción. Se conservan hasta por dos meses en bolsas herméticas. Para cocerlos congelados, aumente el tiempo de fritura a 5 minutos.

Asegúrese de enrollar firmemente los rollitos tratando de que quede la menor cantidad de aire dentro, ya que esto provocaría que se revienten durante la fritura.

CHINA

Costillas
de cerdo a las cinco especias

Rinde:	6 porciones
Preparación:	15 min
Marinación:	1 noche
Cocción:	1 h 10 min
Costo:	2
Dificultad:	1

PLATO FUERTE

INGREDIENTES

Marinada

2 dientes de ajo pelados
y machacados

5 cucharadas de salsa de soya

1 cucharada de vinagre de arroz

3 cucharadas de salsa hoisin

3 cucharadas de brandy

2 cucharadas de azúcar

1 cucharada de cinco especias
chinas

Costillas

1 ¼ kg de costillas de cerdo

Glaseado

75 ml de caldo de pollo

60 ml de salsa de soya

2 cucharadas de miel

Montaje

aceite de ajonjolí o ajonjolí
tostado al gusto (opcional)

PROCEDIMIENTO

Marinada

❶ Mezcle todos los ingredientes y agregue las costillas. Déjelas marinar toda la noche como mínimo.

Costillas

❶ Precaliente el horno a 200 °C. Hornee las costillas durante 40 minutos; baje la temperatura del horno a 100 °C y continúe horneando por 30 minutos más.

Glaseado

❶ En un sartén caliente reduzca todos los ingredientes hasta obtener una mezcla consistente.

Montaje

❶ Para servir, barnice las costillas y rocíe con aceite de ajonjolí o ajonjolí tostado.

Las cinco especias chinas es una mezcla de especias molidas que incluye anís estrella, semilla de hinojo, clavo, canela y pimienta de Sichuán. Puede conseguirla en las tiendas especializadas.

Acompañe las costillas con una ensalada fresca.

Otra opción para cocer las costillas es: una vez que se hayan marinado, escurrirlas, espolvorearlas con fécula de maíz y sellarlas en un sartén; saltearlas con un poco de rabos de cebolla cambray y verter la marinada y caldo de res o pollo; la cocción finaliza al reducirse todo el líquido y cuando las costillas están cocidas.

Pollo
agridulce

Rinde: 6 porciones
Preparación: 5 min
Cocción: 25 min
Costo: 1
Dificultad: 1

PLATO FUERTE

INGREDIENTES

Pollo

6 filetes de pechuga

1 cucharadita de sal

½ taza de harina

¼ de taza de fécula de maíz

1 cucharadita de polvo para hornear

1 cucharadita de bicarbonato

¾ de taza de agua fría

Salsa agridulce

1 taza de agua

3 cucharadas de fécula de maíz

4 cucharadas de vinagre o vino de arroz

5 cucharadas de salsa catsup

⅓ de taza de azúcar

PROCEDIMIENTO

Pollo

1. Corte las pechugas en trozos de 2 centímetros de ancho y ponga sal al gusto. Si prefiere utilice el filete completo.

2. Mezcle la harina con los ingredientes restantes.

3. Caliente el aceite en un wok. Sumerja los trozos de pollo en la mezcla de la harina y fríalos hasta que se doren. Escúrralos en papel absorbente.

Salsa agridulce

1. Disuelva la fécula de maíz en el agua, póngala en una olla al fuego bajo con el resto de los ingredientes.

2. Hierva la salsa sin dejar de mover hasta que espese y viértala sobre el pollo al momento de servir.

Pato
laqueado

Rinde:	6 porciones
Preparación:	1 h
Reposo:	1 noche + 30 min
Cocción:	1 h 20 min
Costo:	3
Dificultad:	3

PLATO FUERTE

INGREDIENTES

Pato

1 pato de 1 ¾ kg, limpio

3 litros de agua hirviendo

5 cucharadas de miel

¾ de taza de agua caliente

Crepas

2 ½ tazas de harina

2 cucharadas de azúcar

1 taza de agua hirviendo

1 cucharada de aceite de ajonjolí

Montaje

1 pepino sin piel ni semillas en tiras

12 cebollas cambray en tiras finas

salsa hoisin al gusto

PROCEDIMIENTO

Pato

1. Lave el pato y, sobre el fregadero, vierta el agua hirviendo cuidadosamente en toda la superficie del pato para escaldarla.

2. Coloque el pato sobre una rejilla en una charola para hornear.

3. Mezcle la miel con el agua caliente y barnice el pato dos veces.

4. Seque el pato durante toda una noche colgándolo en un lugar fresco y aireado. La piel debe quedar muy seca.

5. Precaliente el horno a 210 °C.

6. Hornee el pato en la charola para hornear por 30 minutos. Dele la vuelta con cuidado, sin romper la piel, y hornéelo por 30 minutos más. Sáquelo del horno y repose unos cuantos minutos.

Crepas

1. Mezcle en un tazón la harina con el azúcar; vierta el agua hirviendo. Revuelva y deje entibiar.

2. Amase por unos minutos y deje reposar durante 30 minutos.

3. Divida la masa en porciones de una cucharada cada una.

4. Extienda una pequeña bola de masa con un rodillo formando discos de 8 centímetros de diámetro aproximadamente.

5. Barnice un lado del disco con aceite de ajonjolí y ponga otro disco igual encima formando un sandwich. Repita la operación, haciendo cuantos sandwiches sean necesarios.

6. Con el rodillo, aplane nuevamente cada sandwich hasta formar discos de 15 centímetros de diámetro.

7. En un sartén cueza las crepas una por una. Sabrá que ya están cocidas cuando se inflen ligeramente.

Montaje

1. Sirva la carne de pato rebanada sobre las crepas con las tiras de pepino y de cebolla y la salsa hoisin.

Galletas
de la suerte

Rinde: 18 piezas
Preparación: 25 min
Cocción: 10 min
Costo: 1
Dificultad: 1

POSTRE

INGREDIENTES

3 claras

¾ de taza de azúcar

⅛ de cucharada de sal

½ taza de mantequilla

½ taza de harina

¼ de taza de polvo de almendras

¼ de cucharada de vainilla

18 tiras de papel con leyendas

PROCEDIMIENTO

1 Precaliente el horno a 250 °C. Mezcle las claras, el azúcar y la sal hasta disolver el azúcar. Agregue los ingredientes restantes excepto las tiras de papel, incorpore.

2 Con la ayuda de una cuchara coloque porciones pequeñas en forma de círculo sobre una charola, dejando un espacio entre una y otra. Hornee por 10 minutos o hasta que las orillas estén ligeramente doradas.

3 Retírelas de la charola y coloque una tira de papel en el centro; doble la galleta a la mitad y junte las orillas. Realice este proceso con las galletas recién salidas del horno, porque al enfriar se endurecen.

Recibirás una g

Kim chi

Rinde: 4-6 porciones
Reposo: 10 días
Preparación: 40 min
Costo: 1
Dificultad: 1

ENTRADA

INGREDIENTES

1 col grande

½ taza de sal gruesa

1 cucharadita de pimienta de Cayena

5 cebollas cambray picadas finamente

2 dientes de ajo picados finamente

1 trozo de 5 cm de jengibre rallado

3 cucharadas de chile seco en polvo

1 cucharada de azúcar

2 ½ tazas de agua fría

PROCEDIMIENTO

1 Corte la col por la mitad. Ponga en una cacerola varias capas de col y espolvoréelas con sal. Siga formando capas de col y sal, tape el recipiente poniendo un plato al revés encima y un peso considerable. Deje reposar durante 5 días.

2 Pasados los 5 días escurra el líquido de la cacerola, lave la col, elimine el exceso de agua y mézclela con la pimienta de Cayena, las cebollas, los ajos, el jengibre, el chile y el azúcar.

3 Vacíe en un frasco previamente esterilizado y cubra con agua; cierre y refrigere por lo menos durante 5 días antes de consumir.

El kim chi suele ser un acompañante de los platos coreanos.

Moros
y cristianos

Rinde:	6 porciones
Preparación:	30 min
Cocción:	20 min
Costo:	1
Dificultad:	1

PLATO FUERTE

INGREDIENTES

2 cucharadas de aceite

2 dientes de ajo picados finamente

1 cebolla picada finamente

250 g de tocino cortado en cubos chicos

2 chorizos cortados en cubos chicos

2 tazas de frijoles negros cocidos

3 tazas de arroz blanco cocido

sal y pimienta al gusto

PROCEDIMIENTO

1. Caliente el aceite y sofría el ajo, la cebolla, el tocino y el chorizo; salpimiente y reserve.

2. Caliente los frijoles con un poco de su caldo. Agregue la mezcla de cebolla con carnes, el arroz y mezcle cuidadosamente. Deje que los sabores se integren.

3. Sirva caliente.

Gazpacho
andaluz

Rinde:	6 porciones
Preparación:	15 min
Costo:	1
Dificultad:	1

SOPA

INGREDIENTES

Gazpacho

1 bolillo duro en trozos

1 kg de jitomate

100 ml de vinagre de jerez
o de vino tinto

1 cebolla troceada

2 pimientos verdes sin rabo
ni semillas

2 dientes de ajo pelados

1 pepino pelado y sin semillas

100 ml de aceite de oliva

1 rama de perejil

c/s de pimentón o páprika

c/s de agua

sal al gusto

Presentación

c/s de crutones

c/s de hojas de albahaca fritas

c/s de cebollín

PROCEDIMIENTO

Gazpacho

1. Remoje el pan en el vinagre de jerez o de vino tinto con agua.

2. Escalfe los jitomates, pélelos, retire las semillas y trocéelos.

3. Licue todos los ingredientes, agregue agua si es necesario y verifique la sazón.

4. Vacíe en un recipiente, tape y refrigere.

Presentación

1. Sirva el gazpacho en tazones acompañado de los crutones, las hojas de albahaca y el cebollín.

El gazpacho es quizá la sopa fría más conocida de España. Sus orígenes se remontan siglos atrás, cuando se realizaban potajes fríos a base de pan, agua y diversas hortalizas.

Fabada
asturiana

Rinde: 6 porciones
Preparación: 20 min
Cocción: 2 h
Reposo: 30 min
Costo: 2
Dificultad: 1

PLATO FUERTE

INGREDIENTES

750 g de alubias remojadas desde la noche anterior

1 diente de ajo pelado y machacado

1 cebolla cortada en cuartos

1 hueso de jamón serrano

1 chorizo español

200 g de tocino en trozo

200 g de jamón serrano en trozo

2 morcillas de arroz

3 ramas de perejil

100 ml de aceite de oliva

1 pizca de azafrán

sal al gusto

PROCEDIMIENTO

1. En una cazuela de barro coloque todos los ingredientes, excepto el azafrán; agregue agua suficiente y tape.

2. Cueza a fuego medio espumando constantemente. A media cocción (1 hora aproximadamente) agregue el azafrán, verifique la sal y continúe cociendo hasta que las alubias estén suaves. Si el caldo está muy espeso, agregue más agua; de lo contrario, licue unas cuantas alubias y mézclelas en la fabada.

3. Deje reposar durante 30 minutos, retire el hueso de jamón serrano, la cebolla, el perejil y el ajo. Para servir, corte las carnes en trozos y sirva con las alubias.

"Fabes" es la forma asturiana de nombrar a las alubias blancas. Este guiso se acostumbra comer más en el invierno que en otra época del año debido al gran aporte de calorías.

Cocido
madrileño

Rinde:	6 porciones
Preparación:	1 h
Cocción:	4 h
Costo:	3
Dificultad:	2

PLATO FUERTE

INGREDIENTES

Relleno

200 g de miga de pan blanco remojada previamente en leche

3 huevos

1 cucharada de perejil picado

2 dientes de ajo picados

c/s de harina

c/s de huevo batido

Cocido

6 huesos de tamaño mediano (ternera o jamón serrano)

½ kg de carne de res

200 g de tocino en trozos

3 chorizos

2 muslos de pollo

3 papas peladas

3 zanahorias peladas

½ kg de garbanzos remojados previamente

1 col picada finamente

1 morcilla

2 cucharadas de aceite de oliva

2 dientes de ajo picados

100 g de fideos

sal al gusto

PROCEDIMIENTO

Relleno

1 Mezcle todos los ingredientes y forme bolas pequeñas. Enharínelas, páselas por el huevo y fría en aceite caliente.

Cocido

1 Ponga los huesos en el fondo de una olla. Coloque sobre ellos la carne y encima el tocino, los chorizos y el pollo. Cubra con agua y hierva a fuego medio, espumando constantemente. Después de 30 minutos de cocción agregue sal, tape y cueza a fuego lento por 1 ½ horas más o hasta que las carnes estén cocidas.

2 Retire el exceso de grasa del caldo, deje entibiar e incorpore los garbanzos, las papas y las zanahorias. Cueza durante 1 hora más a fuego bajo; verifique que todos los ingredientes se hayan cocido. Retire del fuego, cuele y reserve las carnes, las verduras y un poco de caldo para que no se sequen; reserve aparte el resto del caldo.

3 Cueza en agua la col durante 45 minutos. Añada la morcilla y cueza por 15 minutos más. Cuele, reserve la morcilla con las carnes y sofría la col con los ajos en un sartén.

4 Cueza los fideos en el caldo que reservó del cocimiento de las carnes.

Montaje

1 Sirva el caldo con los fideos como primer tiempo; en un plato disponga las verduras y el relleno como segundo tiempo; finalmente, sirva las carnes rebanadas como tercer tiempo. Decore al gusto.

ESPAÑA

Paella mixta

Rinde:	6-8 porciones
Preparación:	50 min
Cocción:	50 min
Costo:	3
Dificultad:	2
Material específico:	Paellera

PLATO FUERTE

INGREDIENTES

- 1 cabeza de pescado
- 1 kg de huesos de pollo
- ½ cebolla
- 1 diente de ajo
- ⅓ de taza de aceite de oliva
- 1 cebolla picada finamente
- 2 dientes de ajo picados finamente
- 3 jitomates sin piel ni semillas

- 2 piernas con muslo, deshuesadas y cortadas en cubos
- ½ kg de calamar en cuadros
- 100 g de ejotes troceados, precocidos
- 100 g de chícharos precocidos
- 1 pimiento verde cortado en cuadros
- 1 pimiento rojo cortado en cuadros

- 1 taza de vino blanco
- 300 g de almejas chirla
- ½ kg de arroz precocido
- 1 pizca de azafrán
- 300 g de camarón
- 4 ramas de perejil picado finamente (opcional)
- sal al gusto

PROCEDIMIENTO

1. Prepare un caldo con la cabeza de pescado, los huesos de pollo, la cebolla y el ajo. Reserve.

2. Caliente el aceite de oliva en la paellera. Sofría la cebolla, el ajo y el jitomate. Agregue el pollo y el calamar. Incorpore el caldo, deje que hierva un poco y añada los ejotes, los chícharos, los pi-mientos, el vino blanco, las almejas, el arroz, la sal y el azafrán. Deje reducir y en el último momento vierta los camarones.

3. Retire del fuego cuando el arroz, las carnes y las verduras estén cocidos. Sirva con perejil picado finamente.

Puede agregar a la paella alcachofas y embutidos.

Este platillo de origen valenciano quizá es el más conocido de la gastronomía española.

Zarzuela
de mariscos

Rinde:	6 porciones
Preparación:	10 min
Cocción:	1 h
Costo:	3
Dificultad:	2

PLATO FUERTE

INGREDIENTES

12 mejillones limpios

18 almejas chicas limpias

400 g de vieiras

100 g de harina

¼ de taza de aceite de oliva

1 cebolla picada finamente

2 dientes de ajo picados

1 hoja de laurel

3 jitomates blanqueados, pelados, sin semillas y picados finamente

100 ml de puré de tomate

¼ de taza de brandy o coñac

1 taza de vino blanco

½ taza de almendras

1 pizca de azafrán

12 camarones grandes

1 taza de caldo de pescado

sal y pimienta al gusto

PROCEDIMIENTO

① Lave los mariscos para eliminar la arena y los residuos que pudieran tener en las conchas. Caliente un sartén amplio o una paellera y agregue los mejillones y las almejas. Deje sobre el fuego hasta que se abran y reserve; deseche los mariscos que no se abrieron.

② Enharine las vieiras y reserve.

③ En un sartén sofría la cebolla en el aceite de oliva hasta que se dore. Agregue los ajos y sofría por 10 minutos. Añada la hoja de laurel, los jitomates, el puré de tomate y el brandy; deje evaporar. Vierta ⅓ de taza de vino, reduzca un poco más e incorpore las vieiras, el resto del vino, las almendras, el azafrán y los camarones. Mezcle bien y deje reducir.

④ Caliente el caldo de pescado y agréguelo al guiso junto con los mejillones y las almejas. Caliente unos minutos más para que los sabores se incorporen, salpimiente y sirva.

Torrejas
de canela

Rinde:	6 porciones
Preparación:	35 min
Cocción:	20 min
Costo:	1
Dificultad:	1

POSTRE

INGREDIENTES

1 ℓ de leche

1 raja de canela

1 taza de azúcar

12 rebanadas de pan duro

c/s de aceite para freír

¾ de taza de harina

5 huevos batidos ligeramente

c/s de canela en polvo

1 taza de miel

fresas partidas por mitad

PROCEDIMIENTO

1. Caliente la leche a fuego bajo por 10 minutos, sin que hierva, con la raja de canela y el azúcar. Reserve.

2. Disponga las rebanadas de pan sobre una charola; vierta encima la leche para remojarlas y refrigere.

3. Caliente el aceite. Enharine las rebanadas de pan, páselas por el huevo y fríalas de dos en dos. Cuando se doren, escúrralas y, aún calientes, espolvoréelas con la canela y agregue miel.

4. Sirva las torrejas decoradas con las fresas.

Esta especialidad, así como muchas otras recetas famosas, tiene su origen en un platillo humilde. Las torrejas, también llamadas torrijas, se consumían antiguamente para aprovechar el pan duro.

Clam chowder

Rinde:	6-8 porciones
Preparación:	25 min
Cocción:	50 min
Costo:	2
Dificultad:	1

SOPA

INGREDIENTES

100 g de tocino picado

4 cucharadas de mantequilla

1 cebolla mediana picada finamente

1 diente de ajo picado finamente

1 rama de apio picada finamente

½ taza de harina

4 tazas de caldo de almeja

1 cucharadita de tomillo

2 hojas de laurel

¼ de cucharadita de pimienta negra

3 papas medianas peladas y cortadas en láminas medianas

1 taza de almejas sin concha, cocidas

2 tazas de crema

3 cucharadas de perejil picado finamente

sal al gusto

PROCEDIMIENTO

① En un sartén caliente dore el tocino; reserve en papel absorbente.

② En el mismo sartén derrita la mantequilla y sofría la cebolla, el ajo y el apio; agregue el tocino y deje cocer lentamente.

③ Añada la harina y mueva hasta que se cueza pero sin dorarse. Vierta el caldo de almeja poco a poco, moviendo constantemente para evitar que se formen grumos; incorpore el tomillo, el laurel, la pimienta negra y cueza por 15 minutos; baje el fuego, añada las papas junto con las almejas y cueza por 10 minutos más o hasta que las papas estén cocidas. Verifique la sal.

④ Tempere la crema (añadiendo un poco del clam caliente para entibiarla) y agréguela con el perejil; caliente sin que hierva y retire del fuego. De ser necesario, agregue un poco más de caldo caliente de almeja y sirva.

Sopa
de cebolla

Rinde:	6 porciones
Preparación:	15 min
Cocción:	1 h
Costo:	2
Dificultad:	1

SOPA

INGREDIENTES

50 g de mantequilla

750 g de cebolla rebanada finamente

2 dientes de ajo picados finamente

50 g de harina

2 ℓ de caldo de res o de pollo

250 ml de vino blanco

1 hoja de laurel

2 ramas de tomillo

12 rebanadas de baguette del día anterior, doradas

100 g de queso gruyere rallado

sal y pimienta al gusto

PROCEDIMIENTO

1. Funda la mantequilla en una cacerola de fondo grueso y agregue la cebolla. Tape y rehogue por 25 minutos a fuego bajo, moviendo de vez en cuando. Al final la cebolla debe tener un color dorado y estar ligeramente caramelizada.

2. Agregue el ajo y la harina; mueva constantemente durante 2 minutos.

3. Vierta poco a poco el caldo y el vino y cuando hierva incorpore la hoja de laurel, las ramas de tomillo y salpimiente. Cubra y cueza por 25 minutos. Retire la hoja de laurel y las ramas de tomillo, verifique la sazón y reserve caliente.

4. Precaliente el grill del horno.

5. Vierta la sopa en seis tazones, coloque en cada uno una rebanada de baguette, espolvoree encima el queso gruyere y gratine en el horno. Sirva inmediatamente.

Ratatouille

Rinde: 4 porciones
Preparación: 10 min
Cocción: 30 min
Costo: 1
Dificultad: 1

ENTRADA

INGREDIENTES

6 jitomates

1 ½ cebollas grandes

1 diente de ajo picado finamente

2 pimientos rojos

2 pimientos verdes

1 ½ berenjenas

2 calabacitas

3 cucharadas de aceite de oliva

1 cucharadita de concentrado de jitomate

½ cucharadita de azúcar

1 hoja de laurel

3 ramas de tomillo

5 hojas de albahaca

1 cucharadita de perejil picado

sal y pimienta al gusto

PROCEDIMIENTO

1 Caliente agua en un cazo y haga una incisión en forma de cruz en la base de cada jitomate. Sumérjalos por 20 segundos aproximadamente en el agua hirviendo. Refrésquelos en agua con hielos. Pele, corte en cuartos a lo largo y retire las semillas. Córtelos en cuadros de 2 centímetros por lado aproximadamente.

2 Corte las cebollas, los pimientos, las berenjenas y las calabacitas en cuadros de 2 centímetros por lado aproximadamente.

3 Caliente el aceite en un sartén amplio y sofría las cebollas y el ajo por 5 minutos. Añada los pimientos, la berenjena y las calabacitas, sofría durante 5 minutos más. Agregue el concentrado de jitomate, los jitomates, el azúcar, la hoja de laurel, el tomillo y la albahaca; mezcle bien, tape y cueza por 15 minutos. Retire la hoja de laurel y las ramas de tomillo, verifique la sazón, agregue el perejil y sirva las porciones en platos individuales.

El nombre de este plato viene del verbo en francés "touiller", que antiguamente se usaba para referirse a cualquier tipo de guiso.

Quiche

lorraine

Rinde:	4-6 porciones
Preparación:	30 min
Refrigeración:	1 h
Cocción:	30 min
Costo:	2
Dificultad:	1
Material específico:	Molde p/tarta

ENTRADA

INGREDIENTES

Pasta

300 g de harina cernida

1 pizca de sal

150 g de mantequilla cortada
en cubos pequeños
a temperatura ambiente

1 huevo batido ligeramente

2 cucharadas de agua fría

Relleno

250 g de tocino ahumado
cortado en rebanadas delgadas

4 huevos

300 ml de crema fresca

nuez moscada al gusto

sal y pimienta al gusto

PROCEDIMIENTO

Pasta

1. Coloque la harina y la sal en una superficie, haga un hueco en el centro y ponga en él la mantequilla, el huevo y el agua. Integre los ingredientes con la punta de los dedos índice y pulgar; procure no trabajar en exceso la masa (no importa que queden trozos de mantequilla enteros).

2. Envuelva en plástico autoadherible y refrigere durante 1 hora. Mientras elabore el relleno.

3. Precaliente el horno a 200 °C.

4. Extienda la pasta sobre una superficie enharinada procurando deshacer los trozos de mantequilla que hayan quedado.

5. Forre el molde de tarta y pique el fondo con un tenedor. Ponga encima un disco de papel encerado y frijoles secos (para que no se encoja la masa) y hornee por 10 minutos.

6. Retire los frijoles, el papel encerado, rellene la tarta y hornee durante 30 minutos. Saque del horno y sirva caliente o tibia.

Relleno

1. Dore ligeramente el tocino en un sartén. Reserve.

2. Bata los huevos con la crema, la nuez moscada, la sal y la pimienta.

3. Coloque el tocino en el fondo de la pasta precocida y vierta encima la mezcla de huevos.

Si se acompaña con una ensalada verde, este quiche puede constituir en sí mismo un plato único.

Pato
a la naranja

Rinde:	6-8 porciones
Preparación:	20 min
Cocción:	1 h 50 min
Costo:	2
Dificultad:	2

PLATO FUERTE

INGREDIENTES

Pato

1 pato de 2 kg

2 naranjas partidas por mitad (opcional)

sal y pimienta al gusto

Salsa

50 g de azúcar

100 ml de vinagre de vino tinto

200 ml de vino blanco

el jugo y la ralladura de 2 naranjas

el jugo y la ralladura de 1 limón

1 ℓ de caldo oscuro de pato (o de pollo)

30 g de fécula de maíz diluida en agua fría

50 g de mantequilla

sal y pimienta negra

PROCEDIMIENTO

Pato

1. Precaliente el horno a 250 °C.

2. Limpie el pato, salpimiente y hornéelo con las naranjas por 1 hora o hasta que esté cocido (el tiempo aumentará si lo desea bien cocido).

Salsa

1. Haga un caramelo dorado con el azúcar y el vinagre; agregue el vino, deje reducir y añada las ralladuras y el jugo de los cítricos con el caldo de pato. Cueza por 30 minutos.

2. Espese la salsa con la fécula de maíz, cuele, verifique la sazón y agregue la mantequilla. Deje sobre el fuego por 20 minutos más y sirva con el pato.

Si lo desea, puede agregar un poco de Grand Marnier para acentuar el sabor de la salsa.

Pollo
al vino tinto

Rinde: 4-6 porciones
Preparación: 40 min
Cocción: 1 h 50 min
Marinación: 1 noche
Costo: 2
Dificultad: 2

PLATO FUERTE

INGREDIENTES

1 ½ pollos cortados en piezas

375 ml de vino tinto

2 hojas de laurel

2 ramas de tomillo

250 g de tocino cortado en cubos

60 g de mantequilla

20 cebollas cambray en salmuera

250 g de champiñones

1 cucharadita de aceite

30 g de harina

1 ℓ de caldo de pollo

120 ml de coñac

2 cucharaditas de concentrado de jitomate

1 ½ cucharadas de mantequilla a temperatura ambiente

1 cucharadita de harina

2 cucharadas de perejil picado

sal y pimienta al gusto

PROCEDIMIENTO

1. Coloque en un recipiente amplio las piezas de pollo, el vino, las hojas de laurel, el tomillo, sal y pimienta. Deje marinar toda una noche en refrigeración.

2. Blanquee el tocino en agua hirviendo, séquelo y dórelo en un sartén amplio. Saque y reserve.

3. En el mismo sartén funda 20 g de mantequilla y dore ligeramente las cebollas. Retírelas del sartén y reserve. Funda otros 20 g de mantequilla con los champiñones; cueza por 5 minutos, salpimiente y retírelos del sartén.

4. Escurra las piezas de pollo, séquelas y conserve aparte la marinada.

5. Funda el resto de la mantequilla y el aceite en el sartén; dore las piezas de pollo y espolvoréelas con la harina. Deje que se doren y retire.

6. En una cacerola amplia vierta las piezas de pollo y el caldo. Reserve.

7. En el sartén donde doró las piezas de pollo vierta el coñac, deje que hierva 30 segundos para desglasarlo y vierta sobre el pollo. Agregue la marinada, las cebollas, los champiñones, el tocino y el concentrado de jitomate. Cueza durante 45 minutos hasta que el pollo esté cocido.

8. Retire de la cacerola las piezas de pollo, el tocino y las verduras. Deje hervir la salsa para que espese.

9. Mezcle la mantequilla con la harina e incorpore al guiso. Deje que hierva y cueza unos minutos más.

10. Agregue a la salsa el perejil, las piezas de pollo, el tocino y las verduras. Sirva caliente.

Tarta tatin

Rinde:	6 porciones
Preparación:	20 min
Cocción:	50 min
Costo:	1
Dificultad:	2
Material específico:	Refractario de 26 cm de diámetro

POSTRE

INGREDIENTES

8 manzanas golden

75 g de mantequilla

100 g de azúcar

250 g de pasta hojaldre

250 g de crema batida (opcional)

PROCEDIMIENTO

1. Precaliente el horno a 180 °C. Pele, descorazone y parta las manzanas por la mitad.

2. En el refractario, funda la mantequilla; agregue el azúcar y caliente hasta obtener un caramelo de color claro. Retire del fuego y coloque encima las manzanas boca arriba.

3. Hornee durante 30 minutos o hasta que las manzanas estén blandas. Retire el refractario del horno y entibie.

4. Estire la pasta hojaldre y coloque sobre las manzanas doblando los bordes y haciendo un agujero en la parte central.

5. Hornee a 200 °C durante 15-20 minutos o hasta que el hojaldre esté cocido. Deje reposar por 1 hora.

6. Desmonte la tarta calentando el refractario en el fuego y volteándolo sobre un plato. Alise las manzanas con el dorso mojado de una cuchara.

7. Sirva la tarta tibia acompañada de crema batida.

De manera clásica esta tarta se elabora en un santén de fondo grueso con mango metálico.

Rinde: 8 porciones
Preparación: 15 min
Cocción: 1 h 45 min
Costo: 1
Dificultad: 1
Material específico: 8 souffleras, soplete de cocina

Crème brûlée

POSTRE

INGREDIENTES

½ ℓ de crema para batir

200 ml de leche

125 g de azúcar

1 vaina de vainilla

5 yemas

1 clara

1 cucharadita de esencia de flor de azahar

100 g de azúcar mascabado

PROCEDIMIENTO

1. Precaliente el horno a 120 ºC.

2. En un cazo caliente la crema, la leche, la mitad del azúcar y la vaina de vainilla abierta por la mitad. Cuando hierva, retire del fuego y deje entibiar.

3. Mezcle el azúcar restante, las yemas, la clara, la esencia de flor de azahar y agregue poco a poco la mezcla de leche tibia.

4. Llene las ocho souffleras con la mezcla anterior. Hornee en baño María durante 1 ½ horas. Saque del horno, deje enfriar a temperatura ambiente y refrigere.

5. Antes de servir, espolvoree el azúcar mascabado sobre cada crème brûlée y caramelice con el soplete de cocina o bajo el grill del horno.

La diferencia entre la crème brûlée y la crema quemada catalana radica en que la primera es caramelizada y forma una costra dura en la superficie, en tanto que la segunda es más parecida a la crema al caramelo (similar a un flan).

Ensalada

griega con tzatziki

Rinde:	6 porciones
Preparación:	20 min
Costo:	2
Dificultad:	1

ENTRADA

INGREDIENTES

Tzatziki

1 pepino rallado con cáscara

1 taza de yogur natural tipo griego

2 dientes de ajo hechos puré

1 cucharada de aceite de oliva

sal y pimienta al gusto

½ cucharadita de eneldo (opcional)

Vinagreta

½ taza de aceite de oliva

¼ de taza de vinagre

orégano al gusto

perejil picado al gusto

sal y pimienta al gusto

Ensalada griega

3 jitomates cortados en cuartos

1 pepino cortado en cubos

1 cebolla rebanada

1 taza de aceitunas negras sin hueso cortadas por la mitad

200 g de queso feta en trozos

12 hojas de lechuga grandes

PROCEDIMIENTO

Tzatziki

1. Mezcle todos los ingredientes y reserve en refrigeración.

Vinagreta

1. Mezcle todos los ingredientes. Reserve.

Ensalada griega

1. En un tazón combine todos los ingredientes y aderece con la vinagreta.

2. Sirva la ensalada fría o a temperatura ambiente acompañada con el tzatziki.

Hojas de parra
rellenas

Rinde:	6 porciones
Preparación:	20 min
Cocción:	35 min
Costo:	2
Dificultad:	2
Material específico:	Vaporera

ENTRADA

INGREDIENTES

300 g de carne de carnero
o de cerdo, molida

100 g de arroz lavado y escurrido

2 cucharadas de mantequilla

24 hojas de parra en salmuera

huesos de carnero o cerdo

sal y pimienta al gusto

jocoque y aceite de oliva
para acompañar

PROCEDIMIENTO

1. En un recipiente revuelva la carne, el arroz, 1 ½ cucharadas de mantequilla, sal y pimienta.

2. Sobre el lado opaco de una hoja de parra, ponga una cucharada del relleno de carne. Doble los lados de la hoja hacia el centro y enrolle cuidadosamente y de manera firme hasta cerrarlo.

3. Acomode los huesos en el fondo de la vaporera; si es necesario, ponga encima una rejilla y disponga los rollitos, la mantequilla restante y un poco de sal. Coloque un plato amplio encima de los rollitos, vierta agua hasta cubrirlos y hierva con la olla tapada hasta que se consuma la mitad del líquido. Quite el plato, vuelva a tapar la olla y deje sobre el fuego hasta que se evapore toda el agua o estén cocidos.

4. Sirva las hojas de parra rellenas con jocoque y aceite de oliva.

Moussaka

Rinde:	6 porciones
Preparación:	30 min
Reposo:	15 min
Cocción:	1 h
Costo:	2
Dificultad:	2

PLATO FUERTE

INGREDIENTES

Salsa

2 cucharadas de mantequilla

2 cucharadas de harina

½ ℓ de leche

200 g de queso kefalotiri rallado*

2 huevos

Moussaka

1 kg de berenjenas

2 cucharadas + ¼ de taza de aceite

1 cebolla grande picada finamente

600 g de carne de cordero molida

3 jitomates grandes picados en cubos chicos

100 ml de vino blanco seco

sal y pimienta

250 g de queso kefalotiri rallado*

aceite para engrasar

PROCEDIMIENTO

Salsa

1. Derrita la mantequilla en una cacerola pequeña. Agregue la harina sin dejar de mover para que no se formen grumos y dore ligeramente. Vierta la leche poco a poco, después el queso y mueva constantemente hasta que espese. Verifique la sazón, retire del fuego y deje reposar por 5 minutos.

2. Bata los huevos y viértalos en la salsa. Reserve.

Moussaka

1. Pele y lave las berenjenas. Córtelas en láminas grandes y finas, espolvoree sal sobre ellas y déjelas reposar sobre un escurridor durante 10 minutos. Lávelas, séquelas y reserve.

2. Caliente dos cucharadas de aceite y sofría la cebolla; incorpore la carne y los jitomates, deje que se doren y vierta el vino. Cuando se haya evaporado la mayor parte del alcohol, verifique la sazón y retire del fuego.

3. Caliente el ¼ de taza de aceite y fría en tandas las láminas de berenjena.

4. En un refractario ligeramente engrasado coloque la mitad de las láminas de berenjena, encima la mitad del queso y después todo el picadillo. Cubra con el resto de las berenjenas, la salsa y el resto del queso.

5. Hornee por aproximadamente 45 minutos a 180 °C o hasta que la superficie esté dorada.

* El queso kefalotiri es un queso griego madurado hecho con leche de oveja. Puede sustituirlo por parmesano, pero en ese caso ajuste la sal en el último momento de la cocción.

Otras recetas pueden incluir en el picadillo especias como el orégano, la nuez moscada o el tomillo, o hierbas como el perejil. Esta versión, que es una de las más tradicionales, sólo contiene pimienta negra.

Para que la moussaka sea más fácil de servir, puede agregar una capa de papas cortadas en rodajas y fritas igual que las berenjenas.

Baclava

Rinde:	12 porciones
Preparación:	30 min
Cocción:	1 h
Costo:	2
Dificultad:	2
Material específico:	Refractario, brocha de cocina

POSTRE

INGREDIENTES

Almíbar

1 kg de azúcar

300 ml de agua

esencia de vainilla al gusto

el jugo de ½ limón

Montaje

½ kg de almendras troceadas finamente

1 cucharada de canela en polvo

200 g de mantequilla clarificada

½ kg de pasta filo

PROCEDIMIENTO

Almíbar

1. Mezcle todos los ingredientes y ponga en un cazo sobre el fuego, hasta que espese; debe quedar ligero.

Montaje

1. Precaliente el horno a 180 °C.

2. Revuelva las almendras con la canela.

3. Unte con la brocha un poco de mantequilla en el refractario. Coloque tres láminas de pasta filo, barnizando con mantequilla entre cada una.

4. Espolvoree un poco de almendras sobre la pasta. Coloque una lámina de pasta, barnice con mantequilla y espolvoree más de la mezcla de almendras. Continúe de la misma forma hasta terminar las almendras. Al final coloque en la superficie cuatro láminas de pasta barnizadas entre una y otra.

5. Corte el baclava en rombos y hornee por 1 hora o hasta que se dore la superficie. Saque del horno y deje enfriar.

6. Vierta el almíbar frío sobre el baclava y sirva.

HUNGRÍA

Gulash

Rinde: **6** porciones
Preparación: 20 min
Cocción: 2 h 45 min
Costo: 2
Dificultad: 2

PLATO FUERTE

INGREDIENTES

60 g de manteca de cerdo

1 ¼ kg de pulpa de res cortada
en cubos pequeños

3 cebollas cortadas en rodajas

½ kg de jitomates sin piel
ni semillas picados

1 diente de ajo pelado y picado
finamente

½ litro de caldo de res

1 bouquet garni (tomillo, laurel,
mejorana)

1 cucharada de pimentón
o páprika

750 g de papas peladas
y cortadas en cubos grandes

250 g de champiñones cortados
en cuartos (opcional)

sal y pimienta al gusto

PROCEDIMIENTO

1. Caliente la manteca de cerdo en una olla y dore la carne y las cebollas. Agregue el jitomate, el ajo, el bouquet garni, la páprika, sal y pimienta. Mezcle, vierta el caldo de res, tape y cueza a fuego bajo durante 2 horas.

2. Añada las papas y los champiñones a la olla con 1 taza de agua hirviendo. Deje que hierva nuevamente y retire del fuego cuando las papas estén cocidas. Verifique la sazón y retire el bouquet garni.

La cocina húngara se caracteriza por el uso de páprika en varias de sus recetas. El gulash es la más popular de ellas.

INDIA

Samosas

Rinde:	12 piezas
Preparación:	1 h
Cocción:	30 min
Costo:	2
Dificultad:	2

ENTRADA

INGREDIENTES

Relleno

300 g de papas cocidas, peladas y hechas puré

¼ de taza de chícharos cocidos

4 cucharadas de cebolla picada

3 cucharadas de cilantro picado

1 cucharada de menta picada

2 chiles serranos picados

el jugo de 1 limón

sal al gusto

Masa

2 tazas de harina

½ cucharada de sal

4 cucharadas de mantequilla fundida

¾ de taza de yogur natural

aceite para freír

Chutney de hierbas

10 ramas de menta fresca

20 ramas de cilantro picado

1 jitomate pelado y sin semillas

2 dientes de ajo

1 chile serrano sin semillas

1 cucharada de comino en polvo

2 cucharadas de pulpa de mango verde

yogur natural al gusto

sal al gusto

PROCEDIMIENTO

Relleno

1. Mezcle todos los ingredientes.

Masa

1. Mezcle la harina y la sal; añada la mantequilla, el yogur y amase hasta obtener una pasta firme. Si quedara seca agregue más yogur.

2. Divida la masa en 12 porciones, aplane cada una y con ellas forme pequeñas tortillas. Coloque un poco de relleno, doble por la mitad y presione las orillas con un tenedor para sellarlas; proceda de igual forma hasta terminar la masa y el relleno.

3. Caliente el aceite en un sartén o freidora y fría las samosas hasta que se doren, aproximadamente 3 minutos.

4. Escurra sobre un papel absorbente y sirva bien calientes.

Chutney de hierbas

1. Muela todos los ingredientes excepto el yogur natural en un procesador de alimentos o licuadora hasta obtener una pasta fina; verifique la sazón. Para servir, diluya el chutney con un poco de yogur natural.

Tradicionalmente las samosas se hacen de forma triangular, pero esta versión en forma de empanadas es una variante.

INDIA

Rinde: 6 porciones
Preparación: 10 min
Cocción: 35 min
Costo: 3
Dificultad: 3

Camarones
al curry

PLATO FUERTE

INGREDIENTES

6 cucharadas de aceite

1 cucharada de granos
de mostaza

4 cebollas cambray con rabo
cortadas en rodajas

½ cebolla picada finamente

5 dientes de ajo pelados y
rebanados en láminas delgadas

1 cucharada de jengibre fresco
pelado, molido y sofrito

1 cucharadita de cúrcuma

2 cucharadas de semillas
de cilantro tostadas y molidas

1 cucharada de pimienta negra
entera tostada y molida

½ cucharada de chile de árbol
seco molido

el jugo de 1 limón

2 chiles serranos rojos sin semillas
y picados

1 taza de caldo de pescado
o camarón o agua

1 kg de camarones grandes
pelados y limpios

250 ml de leche de coco

hojas de cilantro

sal al gusto

PREPARACIÓN

1. En una cacerola de fondo grueso caliente el aceite y sofría los granos de mostaza hasta que empiecen a saltar; añada las cebollas, el ajo y deje que se doren ligeramente. Incorpore las especias, el chile de árbol, el jugo de limón, los chiles serranos y el caldo. Deje hervir durante 5 minutos, retire del fuego y reserve.

2. Unos minutos antes de servir, caliente la salsa hasta que hierva; añada los camarones y mueva hasta que se tornen opacos; vierta la leche de coco y continúe removiendo bien, raspando el fondo de la cacerola. Cuando la salsa hierva nuevamente, verifique la sal y retire del fuego.

3. Sirva adornado con las hojas de cilantro.

Acompañe estos camarones al curry con arroz blanco.

Puede enriquecer este plato con ingredientes como chícharo japonés, coco rallado, pescado o pimiento morrón.

Curry de cerdo
con coco

Rinde:	4 porciones
Preparación:	30 min
Reposo:	30 min
Cocción:	1 h
Costo:	2
Dificultad:	2

PLATO FUERTE

INGREDIENTES

500 g de carne de cerdo cortada en trozos medianos

3 chiles de árbol secos

1 ½ tazas de coco rallado seco sin azúcar

1 cebolla mediana troceada

3 dientes de ajo

2 tallos de hierba de limón (la parte blanca) troceados

3 cm de galanga fresca, pelada

2 cm de jengibre fresco, pelado

1 cucharada de semillas de cilantro molidas

2 cucharaditas de comino molido

2 cm de cúrcuma fresca, pelada

1 cucharadita de pasta de camarones

1 cucharadita de ralladura de limón

4 cucharadas de aceite

1 taza de leche de coco

1 cucharada de kecap manis

½ cucharada de pulpa de tamarindo concentrada

¼ de cucharadita de sal

PROCEDIMIENTO

1 Cueza la carne en una olla de presión durante 30 minutos a partir de que el vapor comience a escapar. Reserve y deje enfriar.

2 Limpie los chiles y remójelos en agua caliente. Tueste el coco hasta que se dore ligeramente.

3 En un procesador de alimentos muela los chiles, la cebolla, el ajo, los tallos de hierba de limón, la galanga, el jengibre, las semillas de cilantro, el comino, la cúrcuma, la pasta de camarones y la ralladura de limón; remueva la mezcla constantemente hasta que obtenga un molido homogéneo. Reserve.

4 Mezcle la carne con la pasta molida y deje reposar por 30 minutos.

5 Caliente el aceite en un sartén y saltee la carne a fuego medio hasta que se dore; agregue la leche de coco, el kecap manis y la pulpa de tamarindo; retire del fuego cuando la mezcla esté casi seca. Incorpore el coco rallado, verifique la sal y sirva.

El kecap manis es una salsa de soya con anís estrella y ajo.

Dele variedad a este curry y acompáñelo con piña y arroz blanco.

Puede hacer menos seco este curry si lo desea; para ello, cuando agregue la leche de coco, deje el guiso menos tiempo sobre el fuego.

Pollo
tandoori

Rinde: 6 porciones
Preparación: 30 min
Cocción: 45 min
Reposo: 4 h
Costo: 2
Dificultad: 1

PLATO FUERTE

INGREDIENTES

3 pechugas sin hueso partidas por la mitad

100 ml de yogur natural

100 ml de crema fresca

2 cucharaditas de chile de árbol en polvo

1 cucharadita de pimentón o páprika

el jugo de 1 limón

½ cucharadita de comino

1 pizca de azafrán

3 cucharaditas de ajo picado

2 cucharaditas de jengibre fresco, pelado y picado

3 cucharadas de aceite

sal al gusto

3 cucharadas de mantequilla clarificada

1 cucharadita de garam masala

PROCEDIMIENTO

1. Con un cuchillo haga incisiones profundas en las pechugas.

2. Mezcle el yogur con la crema y el resto de los ingredientes excepto la mantequilla y el garam masala; unte toda la superficie de las pechugas y deje reposar por lo menos durante 4 horas (de preferencia toda una noche).

3. Precaliente el horno a 200 °C.

4. Ponga las pechugas de pollo bajo el grill del horno o sobre una parrilla para asar con un recipiente debajo, para que escurran los líquidos. Hornee no muy cerca de la fuente de calor durante 10 minutos por cada lado.

5. Saque del horno, unte las pechugas con la mantequilla clarificada y hornee hasta que se doren.

6. Sirva las pechugas espolvoreadas con el garam masala.

El pollo tandoori se sirve tradicionalmente con distintas clases de chutneys (salsas de frutas que combinan varias especias y hierbas).

El garam masala es una mezcla de especias utilizada para acentuar los sabores.

Arroz frito

Rinde: 6 porciones
Preparación: 20 min
Cocción: 20 min
Costo: 2
Dificultad: 2

PLATO FUERTE

INGREDIENTES

2 huevos batidos ligeramente

¼ de cucharadita de sal

¼ de taza de aceite

3 dientes de ajo picados finamente

1 cebolla picada finamente

2 chiles de árbol rojos picados finamente

1 cucharadita de pasta de camarones secos

¼ de cucharadita de semillas de cilantro

½ cucharadita de azúcar

250 g de carne de ternera cortada en cubos pequeños

250 g de camarones

3 tazas de arroz cocido frío

2 cucharaditas de kecap manis (salsa de soya con anís estrella y ajo)

4 cebollas cambray con rabos picadas

1 pepino, en medias rodajas (opcional)

PROCEDIMIENTO

1. Caliente un sartén a fuego medio y engráselo con una cucharada de aceite. Vierta en él la cuarta parte del huevo batido con sal y cueza de 1 a 2 minutos. Dele la vuelta, déjelo por 30 segundos más y retire del fuego.

2. Repita lo mismo con el resto del huevo para formar cuatro tortillas en total. Cuando se hayan enfriado las tortillas, enróllelas con cuidado y córtelas en tiras finas; reserve.

3. Mezcle los ajos, la cebolla, los chiles, la pasta de camarones, las semillas de cilantro y el azúcar; muélalos en un mortero, molcajete o procesador hasta obtener una pasta uniforme.

4. Caliente un wok o un sartén grande a fuego alto. Añada una cucharada de aceite y fría la pasta durante 1 minuto. Agregue la carne y los camarones, saltee hasta que cambien de color y retire del sartén.

5. Caliente de nuevo el sartén y vierta el aceite restante con el arroz. Saltee por unos minutos, añada la salsa kecap manis y las cebollas cambray; sofría por 1 o 2 minutos, verifique la sazón y sirva con las rodajas de pepino.

Decore este platillo con rodajas de chiles frescos rojos y verdes.

Pudín
navideño

Rinde:	6-8 porciones
Preparación:	45 min
Cocción:	2 h
Costo:	2
Dificultad:	2
Material específico:	Molde para pudín con tapa

POSTRE

INGREDIENTES

150 g de pan de caja sin corteza

750 ml de leche

100 g de pasas de Corinto

100 g de pasitas negras

100 g de naranja confitada picada

100 g de cerezas en almíbar

100 g de almendras peladas y troceadas

100 g de manteca de cerdo

100 g de harina

100 g de azúcar mascabado

la ralladura y el jugo de 1 limón

2 pizcas de canela molida

2 pizcas de clavo molido

½ cucharadita de sal

el jugo de 1 naranja

3 huevos

3 cucharadas de coñac

aceite para engrasar

ron al gusto

PROCEDIMIENTO

1. Remoje el pan de caja en la leche y reserve.

2. Precaliente el horno a 180 °C.

3. Lave las pasas de Corinto y las pasas negras con agua caliente y escúrralas. Mézclalas en un recipiente amplio con la naranja confitada, las cerezas, las almendras, la manteca de cerdo, la harina, el pan remojado con la leche, el azúcar, la ralladura de limón, las especias y la sal. Integre los jugos de limón y naranja.

4. Bata los huevos con el coñac y vierta en el recipiente. En caso necesario, añada más leche hasta que toda la mezcla esté bien integrada.

5. Engrase con aceite el molde para pudín y llénelo con la mezcla, dejando 5 centímetros entre el borde del molde y el preparado. Tape y hornee a baño María durante 2 horas o hasta que, al insertar un cuchillo, éste salga limpio (el agua debe cubrir ⅔ de la altura del molde para pudín).

6. Deje enfriar y retire del molde. Empape un paño en ron y envuelva el pudín con él; forre con papel aluminio y refrigérelo por lo menos durante 4 semanas.

7. Antes de consumirlo, caliéntelo sin el paño ni el papel aluminio a baño María por 1 ½ horas en el molde en que se horneó.

Es muy importante refrigerar el pudín por 4 semanas para que los sabores se acentúen.

Si desea, puede flamear el pudín con coñac cuando lo vaya a servir.

Otra opción es hornearlo en moldes individuales.

Rinde:	6 porciones
Preparación:	10 min
Congelación:	24 h
Costo:	3
Dificultad:	3
Material específico:	Rebanadora de carne

ENTRADA

Carpaccio
de res

INGREDIENTES

Carpaccio

1 caña de 250 g de filete de res

2 cucharadas de aceite de oliva

Vinagreta

2 cucharadas de vinagre balsámico

6 cucharadas de aceite de oliva

1 cucharada de mostaza de Dijon

sal y pimienta al gusto

Montaje

6 hojas de arúgula

6 cucharadas de alcaparras

6 gajos de limón

PROCEDIMIENTO

Carpaccio

1. Selle el filete de res en un sartén a fuego alto con el aceite de oliva; sólo debe dorarse superficialmente.

2. Enrolle el filete en plástico autoadherible, presionando firmemente en cada vuelta para que conserve una forma cilíndrica. Congele por lo menos durante un día.

Vinagreta

1. Mezcle todos los ingredientes y reserve.

Montaje

1. Saque el filete del congelador y córtelo finamente con la rebanadora de carne; retire el plástico conforme lo vaya rebanando.

2. Acomode las rebanadas de carpaccio en forma de espiral en un platón y decore con las hojas de arúgula, los gajos de limón, la vinagreta y las alcaparras.

Si lo desea, puede acompañar con una ensalada verde fresca.

Fetuccini

al burro

Rinde:	6 porciones
Preparación:	10 min
Reposo:	1 h
Cocción:	5 min
Costo:	1
Dificultad:	1

ENTRADA

INGREDIENTES

1 receta de pasta fresca
(ver p. 100) o ½ kg de fettuccini
comercial

100 g de mantequilla

queso parmesano rallado al gusto

sal y pimienta al gusto

PROCEDIMIENTO

1. Estire la masa con una laminadora de pasta y córtela en tiras delgadas. Espolvoree con harina y déjela secar sobre una charola (por lo menos durante 1 hora).

2. Cueza la pasta durante 1 minuto en agua con sal; refrésquela de inmediato en agua con hielo y reserve.

3. Caliente la mantequilla en un sartén amplio de fondo grueso. Saltee la pasta durante 1 minuto, salpimiente y sirva con el queso espolvoreado.

Si encuentra queso grana padano, no dude en utilizarlo en lugar del queso parmesano.

Puede agregar unas hojas de salvia cuando saltee la pasta.

Risotto
con champiñones

Rinde:	6 porciones
Preparación:	30 min
Cocción:	1 h
Costo:	2
Dificultad:	2

PLATO FUERTE

INGREDIENTES

6 cucharadas de aceite de oliva

1 cebolla picada finamente

300 g de arroz arbóreo

1 taza de vino blanco

750 ml de caldo de pollo

2 tazas de champiñones fileteados

40 g de mantequilla

200 g de queso parmesano rallado

sal y pimienta al gusto

PROCEDIMIENTO

1 Caliente el aceite y sofría la cebolla. Agregue el arroz y sofría hasta que se comience a ver transparente.

2 Vierta el vino y deje reducir. Agregue el caldo caliente poco a poco y en tandas; cada vez que se consuma el caldo vuelva a agregar hasta que se termine. Revuelva el arroz con una cuchara de madera.

3 Incorpore los champiñones cuando vierta la última parte del caldo, agregue sal y pimienta y termine la cocción sin dejar de revolver.

4 Retire del fuego, agregue la mantequilla y el queso y revuelva hasta incorporar los ingredientes.

Para hacer más sustancioso este risotto, agregue trozos de filete de res.

Varíe la combinación y haga este plato con hongos como portobello o porcini.

Pizza

margarita

Rinde: 6 porciones
Preparación: 20 min
Cocción: 25 min
Reposo: 40 min
Costo: 1
Dificultad: 2

PLATO FUERTE

INGREDIENTES

Masa

250 g de harina

130 ml de agua a temperatura ambiente

½ cucharada de aceite

¼ de cucharadita de azúcar

1 pizca de sal

12 g de levadura fresca
(o 2.5 g seca)

Pizza

½ kg de jitomate

orégano al gusto (opcional)

sal y pimienta al gusto

4 cucharadas de aceite de oliva

400 g de queso mozzarella rebanado

aceite de oliva al gusto

rebanadas de jitomate al gusto

aceitunas negras sin hueso en rebanadas al gusto

hojas de albahaca frescas

PROCEDIMIENTO

Masa

1. Forme una fuente con la harina. Vierta en el centro ¾ partes del agua, el aceite, el azúcar y la sal; disuelva muy bien con las yemas de los dedos. Agregue la levadura, disuélvala y poco a poco incorpore la harina de los bordes hasta que obtenga una textura homogénea.

2. Amase durante 5 minutos; de ser necesario, agregue el agua restante. Deje reposar la masa por 10 minutos tapada con un paño húmedo. Forme una bola y deje reposar durante 20 minutos más.

3. Espolvoree harina sobre una superficie y extienda la masa con las manos hasta formar un disco de 1 ½ centímetros de espesor con un borde en la orilla; deje reposar hasta que doble su volumen.

Pizza

1. Precaliente el horno a 200 ºC.

2. Pele los jitomates, córtelos en cuartos, retire las semillas, tritúrelos, salpimiéntelos y espolvoree con el orégano.

3. Unte la masa de la pizza con un poco de aceite de oliva, coloque los jitomates y las rebanadas de queso mozzarella. Distribuya encima un poco de aceite de oliva y hornee durante 25 minutos o hasta que se dore. A la mitad del horneado, coloque encima de la pizza las rebanadas de jitomate, las aceitunas y las hojas de albahaca.

Si utiliza albahaca seca, espolvoréela sobre la pizza antes de meter al horno.

Puede servir la pizza con unas gotas de aceite de oliva extravirgen.

ITALIA

Canelones
rellenos

Rinde:	6 porciones
Preparación:	30 min
Cocción:	1 h 20 min
Reposo:	1 h
Costo:	2
Dificultad:	2

PLATO FUERTE

INGREDIENTES

Pasta fresca

600 g de harina

6 huevos

1 cucharadita de sal

cantidad suficiente de harina

Salsa bechamel

60 g de mantequilla

1 cebolla picada finamente

60 g de harina

1 ℓ de leche

1 pizca de nuez moscada

sal al gusto

Canelones

3 cucharadas de aceite de oliva

1 cebolla picada finamente

1 rama de apio picada finamente

1 zanahoria pelada y picada finamente

50 g de tocino picado

300 g de carne de res molida

50 g de jamón en trozo picado finamente

1 taza de caldo de res

½ kg de jitomates maduros sin piel ni semillas, picados

sal y pimienta al gusto

salsa bechamel

mantequilla para engrasar

queso rallado para gratinar (manchego, parmesano, mozzarella, etc.)

PROCEDIMIENTO

Pasta fresca

1 Cierna la harina y con ella realice un volcán en una superficie limpia y lisa. Vierta los huevos dentro con la sal e intégrelos poco a poco con un tenedor. Cuando estén integrados, amase hasta que obtenga una textura uniforme y elástica. Si fuera necesario, agregue más harina o agua.

2 Estire la masa con una laminadora de pasta y córtela en cuadros de entre 9 y 12 centímetros. Espolvoree los cuadros con harina y déjela secar sobre una charola (mínimo 1 hora).

3 Hierva un recipiente con abundante agua y cueza los canelones por 1 minuto; refrésquelos de inmediato en agua con hielo; resérvelos untados ligeramente con aceite de oliva y cubiertos con un paño húmedo hasta su utilización.

Salsa bechamel

1 Funda la mantequilla en un sartén y sofría la cebolla durante 3 minutos. Añada la harina y deje sobre el fuego por 3 minutos más moviendo constantemente; no debe dorarse la harina.

2 Vierta la leche sin dejar de mover para que no se formen grumos. Agregue la nuez moscada y la sal. Deje sobre el fuego hasta que obtenga una consistencia espesa y reserve.

Canelones

1 Precaliente el horno a 200 °C.

2 Caliente un sartén amplio con el aceite de oliva; saltee la cebolla, el apio y la zanahoria. Añada el tocino, la carne y el jamón; salpimiente y cueza a fuego bajo durante 30 minutos añadiendo el caldo en tandas pequeñas.

3. Añada los jitomates y cueza por 30 minutos más; verifique la sazón y deje enfriar.

4. Coloque un poco de relleno sobre un extremo de cada canelón, enróllelos y acomódelos en un refractario engrasado con mantequilla.

5. Cubra los canelones con la salsa bechamel, espolvoree con el queso y hornee durante 15 minutos o hasta que se funda el queso.

Ravioles

Rinde:	6 porciones
Preparación:	1 h
Reposo:	20 min
Cocción:	1 h
Costo:	1
Dificultad:	3

ENTRADA

INGREDIENTES

Relleno de calabacita

2 cucharadas de aceite de oliva

½ cebolla picada finamente

4 calabacitas ralladas

2 dientes de ajo pelados

1 chalote pelado

Relleno de papa

½ kg de papas

2 rebanadas de tocino picadas

½ cebolla picada finamente

sal y pimienta al gusto

Salsa

2 cucharadas de mantequilla

½ cebolla picada finamente

2 tazas de puré de jitomate colado

sal, pimienta y hojas de salvia

Ravioles

1 receta de pasta fresca
(ver p. 100)

1 huevo

queso parmesano rallado al gusto

cantidad suficiente de harina

sal al gusto

PROCEDIMIENTO

Relleno de calabacita

1. Sofría en el aceite caliente la cebolla, las calabacitas, el chalote y el ajo picados finamente. Cuando estén cocidos, salpimiente y reserve.

Relleno de papa

1. Pele las papas, córtelas y cuézalas a partir de agua fría. Hágalas puré.

2. Dore el tocino con la cebolla y añada el puré de papa. Cuando estén integrados los sabores, salpimiente y reserve.

Salsa

1. Derrita la mantequilla y sofría la cebolla; vierta el puré de jitomate, las hojas de salvia, salpimiente y deje cocer y espesar ligeramente.

Ravioles

1. Estire la masa con una laminadora de pasta y córtelas del mismo largo y ancho. Sobre una lámina de pasta calcule cuadros de 3 × 3 centímetros y, en medio de cada uno, coloque un poco de relleno.

2. Barnice con huevo batido lo que se convertirá en las orillas de cada raviol. Coloque encima otra lámina de pasta y presione bien las orillas de cada raviol.

3. Con un cortador de pasta rizado, haga cortes para obtener primero tiras y después piezas individuales.

4. Enharine las piezas de pasta y deje reposar por 20 minutos.

5. Cueza los ravioles en agua hirviendo con sal por 5 minutos y reserve.

6. Vierta los ravioles en la salsa, caliente por 1 minuto y sirva con el queso parmesano.

Lasaña

a la boloñesa

Rinde:	6 porciones
Preparación:	30 min
Reposo:	1 h + 20 min
Cocción:	50 min
Costo:	2
Dificultad:	2
Material específico:	Refractario

PLATO FUERTE

INGREDIENTES

Salsa boloñesa

3 cucharadas de aceite de oliva

4 zanahorias peladas cortadas en brunoise

2 ramas de apio cortadas en brunoise

2 cebollas medianas cortadas en brunoise

4 dientes de ajo pelados y hechos puré

1 kg de carne de res molida

½ ℓ de vino tinto

4 hojas de laurel

orégano al gusto

½ ℓ de puré de tomate

sal al gusto

Armado

½ receta pasta fresca (ver p. 100) o láminas para lasaña comerciales

1 receta de salsa bechamel (ver p. 100)

200 g de mezcla de quesos para gratinar rallados (manchego; Chihuahua, gouda, parmesano)

PROCEDIMIENTO

Salsa boloñesa

1. En una cacerola caliente el aceite y sofría la zanahoria, el apio, las cebollas y los ajos. Incorpore la carne molida, mezcle bien y deje cocer.

2. Vierta el vino y deje reducir un poco; agregue el puré de tomate, las hojas de laurel, el orégano y reduzca a menos de la mitad del volumen original (la salsa no debe quedar totalmente seca); verifique la sal y retire del fuego.

Armado

1. Precaliente el horno a 180 °C.

2. Estire la masa con una laminadora de pasta y córtela en rectángulos lo más grandes posible. Espolvoréelos con harina y deje secar sobre una charola (por lo menos durante 1 hora).

3. Cueza durante 1 minuto las láminas de pasta en agua hirviendo con sal. Refrésquelas inmediatamente en agua con hielo, y resérvelas tapadas con un paño húmedo.

4. Coloque en la base del refractario una capa de salsa bechamel y una capa de láminas de pasta, una de boloñesa y nuevamente pasta y boloñesa; siga formando capas hasta terminar con una última capa de láminas de pasta. Esparza la bechamel, espolvoree el queso y hornee hasta que se gratine.

5. Para servir, deje reposar durante 20 minutos y córtela en cuadros.

Tiramisú

Rinde:	6 porciones
Preparación:	30 min
Refrigeración:	2 h
Costo:	2
Dificultad:	1
Material específico:	Refractario

POSTRE

INGREDIENTES

3 huevos

150 g de azúcar

250 g de queso mascarpone

100 ml de vino de Marsala

1 pizca de sal

24 soletas

600 ml de café cargado frío

c/s de cocoa para espolvorear

PROCEDIMIENTO

1. Separe las yemas de las claras. Blanquee las yemas con el azúcar hasta que esponjen. Añada el queso mascarpone y el vino de Marsala, mezcle y reserve.

2. Bata las claras con la pizca de sal a punto de nieve. Integre a la mezcla de queso con movimientos envolventes y reserve.

3. Moje las soletas en el café frío y acomódelas en el fondo del refractario. Cubra con una capa de la mezcla de queso. Coloque una capa más de soletas mojadas en café y el resto de la mezcla de queso.

4. Espolvoree la cocoa en la superficie. Refrigere durante 2 horas y sirva.

Sopa de miso

Rinde:	6 porciones
Preparación:	15 min
Cocción:	15 min
Costo:	1
Dificultad:	2

SOPA

INGREDIENTES

8 hongos shitake secos

1 ½ ℓ de caldo de pescado
o pollo

6 cucharadas de miso blanco
sin endulzar o 4 cucharadas
de miso rojo

60 g de brotes de bambú
cortados en juliana

3 cebollas cambray con rabos
cortadas en rodajas

200 g de tofu en cubos pequeños

alga nori fileteada al gusto

sal y pimienta negra al gusto

PROCEDIMIENTO

1 Remoje los hongos shitake en agua caliente; cuando estén suaves, elimine los pies y corte los sombreros en láminas; reserve.

2 Ponga una olla con el caldo sobre el fuego; cuando hierva, retire ½ taza y ahí disuelva el miso, incorpore a la olla, baje el fuego y cueza durante unos minutos.

3 Añada los brotes de bambú, y cueza por 2 minutos antes de agregar los hongos. Mantenga hirviendo durante un par de minutos más e incorpore las rodajas de cebolla y el tofu; salpimiente, agregue las algas y sirva inmediatamente.

El miso es una pasta fermentada hecha a partir de semillas de soya.

Puede conseguir los brotes de bambú enlatados.

Tataki
de atún

Rinde:	6 porciones
Preparación:	15 min
Cocción:	10 min
Marinación:	1 noche
Costo:	3
Dificultad:	1

ENTRADA

INGREDIENTES

800 g de atún cortado en trozos longitudinales de 4 cm de grosor

¼ de ℓ de salsa de soya

2 cm de jengibre fresco, pelado y rallado

3 cucharadas de aceite

PROCEDIMIENTO

❶ Caliente un poco de aceite en un sartén y cuando esté muy caliente selle las piezas de atún por todos lados hasta que se doren, pero que queden crudas por dentro. Refresque de inmediato en un recipiente con agua y hielos.

❷ En un recipiente vierta la salsa de soya, el jengibre y los trozos de atún; cerciórese de que la salsa cubra completamente el pescado. Deje marinar por 1 noche como mínimo.

❸ Para servir, corte el atún en láminas de 1 a 2 centímetros de grosor. Acompañe con la salsa de soya del marinado.

Puede servir con un poco de wasabi, cilantro fresco picado, hojuelas de chile seco y pimienta entera recién molida.

JAPÓN

Sushi maki

Rinde: 6 porciones
Preparación: 45 min
Cocción: 20 min
Costo: 2
Dificultad: 2
Material específico: Tapete de bambú para sushi

PLATO FUERTE

INGREDIENTES

Arroz

3 tazas de arroz para sushi

6 tazas de agua

6 cucharadas de sake

⅓ de taza de vinagre de arroz

3 cucharaditas de azúcar

1 ½ cucharaditas de sal

PROCEDIMIENTO

Arroz

1. Lave y escurra el arroz.

2. Ponga al fuego el arroz en una olla con el agua. Cuando suelte el hervor agregue el sake, baje el fuego y tape. Deje cocinar durante 20 minutos o hasta que se evapore el agua. Deje enfriar.

3. Mezcle el vinagre, el azúcar y la sal hasta que se disuelvan.

4. Extienda el arroz sobre una charola o platón y rocíelo con la mezcla de vinagre. Mezcle cuidadosamente con una espátula para incorporar los sabores. Reserve tapado con un trapo húmedo hasta su utilización.

Armado

1. Para armar el sushi maki forre con plástico autoadherible el tapete para sushi.

2. Humedezca sus manos con agua antes de manejar el arroz. Tome una bola de arroz y colóquela sobre el tapete o sobre una alga nori para distribuirlo en la superficie, acomode el relleno y luego enróllelo haciendo presión para dejarlo compacto.

3. Para cortar el sushi maki, moje un cuchillo y parta el rollo por la mitad. Corte siempre por mitad cada trozo hasta obtener 8 cilindros y cerciórese de mojar el cuchillo entre cada corte.

Los rellenos para sushi son muy diversos; entre los ingredientes más comunes se encuentran las algas nori; los pescados como el atún, el pargo o el salmón ahumado; la hueva de pescado; la carne de cangrejo o anguila; y diversos frutos y legumbres como el pepino, la zanahoria o el aguacate. Al final, se pueden espolvorear con ajonjolí y servir con jengibre encurtido.

Tempura

Rinde:	6 porciones
Preparación:	20 min
Cocción:	40 min
Costo:	2
Dificultad:	2

ENTRADA

INGREDIENTES

Pasta

2 ¼ tazas de harina

¾ de taza de fécula de maíz

½ cucharadita de polvo para hornear

1 huevo

3 tazas de agua mineral fría

Salsa

2 tazas de dashi preparado

½ taza de salsa de soya

½ taza de mirin

5 g de katsuobushi

Fritura

12 tiras de filete de pescado

12 camarones

1 berenjena cortada en rodajas y desflemada

1 pimiento verde sin rabo ni semillas, cortado en trozos

1 calabacita cortada en rebanadas

1 zanahoria pelada y cortada en rebanadas

6 hojas de lechuga

aceite para freír

PROCEDIMIENTO

Pasta

1 Mezcle en un recipiente la harina, la fécula y el polvo para hornear.

2 Llene un tercio de un recipiente grande con agua y hielo y coloque sobre él otro recipiente más pequeño con las tres tazas de agua fría; añada el huevo, agite bien e incorpore la mezcla de los ingredientes secos revolviendo muy bien (es importante no mezclar demasiado la masa y mantenerla fría hasta el momento de usarla).

Salsa

1 Ponga sobre el fuego todos los ingredientes y, al primer hervor, retire del fuego; cuele y reserve.

Fritura

1 Descabece y pele los camarones. Corte las puntas de la cola y ábralos en mariposa para eliminar los intestinos.

2 Caliente el aceite a 180 ºC, rebose con la pasta los vegetales, el pescado y los camarones y fríalos en tandas; escúrralos en papel absorbente.

3 Para servir, coloque en un plato amplio los productos fritos acompañados con un poco de la salsa y wasabi al gusto.

El dashi es un saborizante hecho a base de pescado, muy utilizado en la cocina japonesa. La presentación más común es en forma de gránulos pequeños, los cuales se disuelven en agua para obtener un caldo.

El katsuobushi es el ingrediente a partir del cual se hace el dashi; se trata de pescado seco, fermentado y después ahumado para ser procesado en hojuelas.

JAPÓN

Yakitori

Rinde: 6 porciones
Reposo: 20 min
Preparación: 20 min
Cocción: 10 min
Costo: 2
Dificultad: 1
Material específico: 24 brochetas

ENTRADA

INGREDIENTES

1 pechuga de pollo sin hueso ni piel cortada en cubos

1/2 taza de sake

3/4 de taza de shoyu (salsa japonesa de soya)

1/2 taza de mirin

2 cucharadas de azúcar

PROCEDIMIENTO

1 Ponga a remojar en agua las brochetas de madera durante 20 minutos. Sáquelas del agua, escúrralas y resérvelas.

2 Mezcle el sake con la salsa shoyu, el mirin y el azúcar en un cazo pequeño. Lleve la mezcla a ebullición y resérvela.

3 Ensarte los cubos de pollo en las brochetas. Barnícelas con salsa y áselas sobre un grill o parrilla hasta que estén cocidas, bañándolas constantemente con la salsa.

4 Sirva inmediatamente.

En Japón, el yakitori se suele servir como aperitivo para acompañar la cerveza. Se puede transformar en una comida completa si se acompaña con arroz y verduras.

JAPÓN

Tempura
helado

Rinde: 4 porciones
Preparación: 15 min
Cocción: 10 min
Costo: 1
Dificultad: 2

POSTRE

INGREDIENTES

cantidad suficiente de aceite para freír

1 huevo

50 ml de leche

100 g de harina

8 rebanadas de pan de caja sin corteza

4 bolas de helado congeladas, del sabor de su preferencia

PROCEDIMIENTO

1. Precaliente el aceite para freír.

2. Mezcle el huevo, la leche y la harina; debe obtener una mezcla espesa.

3. Presione las rebanadas de pan sobre una superficie plana.

4. Coloque una bola de helado sobre una rebanada de pan; encima ponga otra rebanada de pan con las esquinas del lado opuesto a la anterior, de modo que al presionarlas en la bola de helado éste se cubra por completo.

5. Pase la bola por la mezcla de harina y fríala en el aceite; la bola debe quedar sumergida.

6. Una vez dorada, saque del aceite y escúrrala sobre papel absorbente. Proceda de la misma forma con las bolas restantes, una por una para que no se derrita el helado.

7. Sirva inmediatamente.

Aunque no es muy usual, puede acompañarlo con mermelada de fresa, salsa de frutas rojas, crema batida o chocolate líquido, ya que es delicioso.

LÍBANO

Tabulé

Rinde: 4 porciones
Preparación: 3 min
Reposo: 5-10 min
Costo: 1
Dificultad: 1

ENTRADA

INGREDIENTES

1 ½ tazas de trigo molido fino

2 jitomates firmes, picados

¼ de taza de perejil picado finamente

⅛ de taza de hierbabuena picada finamente

½ taza de cebolla cambray picada finamente con todo y rabo

1 pepino picado

aceite de oliva al gusto

el jugo de ½ limón

sal y pimienta al gusto

hojas de lechuga

PROCEDIMIENTO

1. Hidrate el trigo en agua caliente y escúrralo.

2. Mezcle en un recipiente todos los ingredientes excepto las hojas de lechuga; salpimiente al gusto y sirva acompañado de las hojas de lechuga.

Kepe charola

Rinde: 8 porciones
Preparación: 30 min
Cocción: 1 h
Costo: 2
Dificultad: 2
Material específico: Molde circular desmontable

PLATO FUERTE

INGREDIENTES

Relleno

300 g de carne de res molida

¾ de cebolla picada finamente

50 g de piñones

4 cucharadas de aceite

sal y pimienta recién molida

Kepe

1 chile serrano

20 hojas de hierbabuena

¼ de cebolla

700 g de carne de res molida

700 g de trigo molido fino, lavado y exprimido

½ taza de aceite, o ¼ de taza de aceite y ¼ de mantequilla

sal y pimienta al gusto

jocoque al gusto

hojas de hierbabuena al gusto

PROCEDIMIENTO

Relleno

1. Fría en aceite la carne con la cebolla, los piñones y un poco de sal. Deje sobre el fuego hasta que la carne se seque y condimente con pimienta. Reserve.

Kepe

1. Muela el chile, la hierbabuena y la cebolla; mezcle con la carne y el trigo; salpimiente al gusto.

2. En el molde circular desmontable previamente engrasado, distribuya la mitad de la mezcla del kepe de manera uniforme. Agregue encima el relleno y distribúyalo bien. Cubra con el resto de la mezcla de carne.

3. Con un cuchillo mojado haga cortes en forma de rombos o un corte de cruz en el centro, presione los bordes exteriores del kepe de manera que queden más abajo que el resto. Perfore un círculo con un cortador de galletas en el centro de la preparación.

4. Vierta el aceite por toda la superficie y hornee aproximadamente de 45 a 60 minutos a 200 °C o hasta que se doren las orillas, y se pueda retirar fácilmente del molde.

5. Sirva acompañado con jocoque y una ensalada verde; decore con hojas de hierbabuena.

Cuscús

Rinde: 6 porciones
Preparación: 10 min
Cocción: 30 min
Costo: 2
Dificultad: 1

PLATO FUERTE

INGREDIENTES

Cuscús

2 tazas de sémola de trigo para cuscús

2 tazas de agua

1 cucharada de mantequilla

1 cucharadita de sal

Carne

4 cucharadas de aceite

1 cebolla grande cortada en cuñas

500 g de filete de res cortado en cubos pequeños

2 zanahorias troceadas precocidas

250 g de calabazas troceadas

2 jitomates grandes troceados

2 tazas de garbanzos cocidos

¼ de cucharadita de pimienta de Cayena molida

¼ de cucharadita de comino

1 cucharadita de sal

cantidad suficiente de caldo de res

PROCEDIMIENTO

Cuscús

1 Ponga a hervir el agua con la mantequilla y la sal; cuando dé el primer hervor, incorpore el cuscús; deje reposar tapado hasta que éste doble su volumen. Remueva con un tenedor y reserve.

Carne

1 Caliente el aceite y sofría la cebolla; agregue la carne, selle muy bien y retire del fuego.

2 En el mismo sartén coloque el aceite restante y sofría las zanahorias, las calabazas, los jitomates y los garbanzos; agregue las especias, tape y deje sobre el fuego; de ser necesario, añada un poco de caldo de res.

3 Cuando las verduras estén cocidas, mezcle con la carne y la cebolla, verifique la sal y finalice la cocción.

4 Sirva el cuscús acompañado de la carne.

Si lo desea, adorne con hojas de cilantro.

Tajine

Rinde:	6 porciones
Preparación:	20 min
Cocción:	1 h 40 min
Costo:	2
Dificultad:	1

PLATO FUERTE

INGREDIENTES

6 cucharadas de aceite de oliva

1 ½ kg de espaldilla de cordero deshuesada y troceada

3 cebollas picadas finamente

3 dientes de ajo picados

4 jitomates sin piel ni semillas, cortados en cuartos

6 papas medianas peladas y cortadas en cubos grandes

1 cucharadita de canela molida

1 cucharadita de comino

½ cucharadita de cúrcuma

1 cucharadita de pimentón o páprika

1 taza de agua

½ taza de pasitas

½ taza de almendras picadas

4 limones cristalizados

8 ramas de cilantro picadas

sal y pimienta

PROCEDIMIENTO

1 Caliente el aceite de oliva en una olla de barro. Dore los pedazos de carne con la cebolla y el ajo. Añada los jitomates, las papas y las especias; salpimiente, mezcle bien y vierta la taza de agua. Tape y cueza durante 1 hora a fuego bajo.

2 Agregue las pasitas, las almendras y los limones cristalizados. Cueza por 30 minutos más, verifique la sazón y al final agregue el cilantro.

En ocasiones se pueden agregar otras especias, como semillas de cilantro o azafrán.

Para los limones cristalizados, corte 1 kg de limones en rebanadas gruesas, espolvoréelos con tres cucharadas de sal y deje reposar por una noche. Ponga las rebanadas en un frasco, llene completamente con aceite de oliva y deje reposar en un lugar seco y oscuro por lo menos durante un mes antes de consumirlos.

Guacamole

Rinde:	6 porciones
Preparación:	10 min
Costo:	1
Dificultad:	1

ENTRADA

INGREDIENTES

1 kg de aguacates

2 cucharadas de jugo de limón

½ cebolla morada picada

3 cucharadas de chile serrano desvenado y picado

1 jitomate picado

3 cucharadas de cilantro picado

sal al gusto

PROCEDIMIENTO

1 Pele los aguacates y retíreles la semilla.

2 Machaque los aguacates con sal y el jugo de limón hasta obtener un puré. Incorpore los demás ingredientes y decore con el cilantro. Sirva acompañado de tostadas de maíz.

Enchiladas
verdes

Rinde: 6 porciones
Preparación: 10 min
Cocción: 25 min
Costo: 2
Dificultad: 1

PLATO FUERTE

INGREDIENTES

3 tazas de agua

1 ½ kg de tomates verdes

9 chiles serranos

1 ½ cucharadas de ajo picado

4 ramas de cilantro

¼ de taza de aceite

8 cucharadas de manteca o aceite

18 tortillas de maíz

1 ½ pechugas de pollo cocidas y deshebradas

300 g de queso Oaxaca deshebrado (opcional)

300 g de queso Chihuahua en rebanadas (opcional)

PROCEDIMIENTO

1. Hierva el agua con los tomates y los chiles por 15 minutos. Cuele, enfríe y licue con el ajo y el cilantro.

2. Caliente el aceite y fría la salsa; cuando empiece a hervir baje la flama y cueza por 5 minutos más; verifique la sal.

3. Caliente la manteca en un sartén y fría las tortillas ligeramente. Escúrralas y rellénelas con pollo. Dóblelas y colóquelas en los platones en donde se van a servir.

4. Bañe las tortillas con la salsa verde y, si lo desea, gratine con los quesos.

Huachinango
a la veracruzana

Rinde: 6-8 porciones
Preparación: 30 min
Cocción: 1 h 15 min
Costo: 2
Dificultad: 3

PLATO FUERTE

INGREDIENTES

Salsa veracruzana

$\frac{1}{3}$ de taza de aceite de oliva

4 dientes de ajo pelados
y machacados

$\frac{3}{4}$ de cebolla fileteada

2 dientes de ajo picados

$\frac{1}{2}$ taza de aceitunas

$\frac{1}{4}$ de taza de alcaparras

750 g de jitomate sin piel ni
semillas picado

hierbas de olor al gusto

4 jitomates sin semillas, picados
finamente

chiles güeros o jalapeños
en escabeche al gusto

sal al gusto

Huachinango

1 huachinango entero, limpio
de 1 $\frac{1}{2}$ a 2 kg

sal y pimienta

4 cucharadas de jugo de limón

2 jitomates rebanados

PROCEDIMIENTO

Salsa veracruzana

1 Caliente el aceite de oliva en una cacerola; dore los cuatro ajos ma-chacados y retírelos. Sofría la cebolla y el ajo y añada las aceitunas y alcaparras. Incorpore el jitomate y la sal; deje a fuego bajo por 25 minutos.

2 Casi al momento de servir agregue las hierbas de olor, el jitomate pi-cado y los chiles güeros o jalapeños; caliente durante 10 minutos más o hasta que espese; verifique la sazón.

Huachinango

1 Precaliente el horno a 180 °C.

2 Sazone el pescado con sal, pimienta y el jugo de limón. Deje reposar por 15 minutos.

3 Bañe el pescado con la salsa veracruzana, cubra con las rebanadas de jitomate y hornee de 15 a 20 minutos o hasta que esté cocido.

Cochinita
pibil

Rinde:	6 porciones
Preparación:	1 h
Reposo:	1 noche
Cocción:	3 h
Costo:	2
Dificultad:	2

PLATO FUERTE

INGREDIENTES

Cebolla morada curada

1 taza de cebolla morada picada o rebanada

2 tazas de agua caliente

$1/3$ de taza de jugo de naranja agria

1 chile habanero asado, sin semillas y picado

1 $1/2$ cucharaditas de sal

Cochinita pibil

1 kg de falda de cerdo cortada en uno o dos trozos

$1/2$ cucharadita de sal al gusto

$1/3$ de taza de manteca de cerdo

100 gramos de pasta de achiote

1 $1/2$ tazas de jugo de naranja dulce

$1/2$ taza de jugo de naranja agria

12 cuadros de hoja de plátano asados de 30 cm por lado aproximadamente

18 rebanadas de 1 cm de grueso de naranja dulce, pelada

6 cuadros de papel aluminio de 30 cm por lado

PROCEDIMIENTO

Cebolla morada curada

1. En un recipiente mezcle la cebolla y el agua, tape y deje reposar por 30 minutos. Cuele la cebolla, deseche el agua y mezcle con el jugo de naranja, el chile y la sal.

Cochinita pibil

1. Unte la carne con sal y deje reposar durante 2 horas o de preferencia toda la noche.

2. En un sartén de fondo grueso caliente la manteca hasta que humee, ponga la carne sin el jugo que generalmente suelta y deje que se dore solamente por el lado más grasoso (no la dore por todos lados, ya que se sellaría y esto impediría que la pasta de achiote penetrara en la carne). Una vez dorada, retire del fuego y reserve carne y manteca por separado (en este punto la carne debe estar bien dorada por un solo lado y el resto cruda); córtela en cubos de 3 centímetros por lado aproximadamente.

3. Licue la pasta de achiote con los dos jugos de naranja, mezcle con la carne y añada la manteca donde ésta se doró; asegúrese de que toda la carne esté sumergida o bien empapada de la salsa. Refrigere y deje marinar durante 2 horas o toda una noche si es posible.

4. Divida la carne en seis porciones. Acomode las seis hojas de plátano con la parte brillosa hacia arriba; sobre cada una coloque tres rebanadas de naranja, encima una porción de carne y bañe con el achiote ($1/3$ de taza por porción aproximadamente).

5. Envuelva de manera sencilla, como si fuera un tamal. Vuelva a envolver esta porción en otra hoja más, de modo que el envoltorio tenga dos capas; finalmente envuelva todo con el cuadro de papel aluminio con la parte brillosa hacia adentro; esto servirá para que los jugos del preparado no escurran y se conserven los sabores. Repita el paso anterior con las cinco porciones restantes. Puede cocinarlas de dos maneras:

PROCEDIMIENTO

★ Cocción al vapor: coloque todos los envoltorios dentro de una olla tamalera a fuego alto y cueza por 2 horas a partir de que el agua comience a hervir. Apague y deje reposar hasta el momento de servir. Si es necesario, puede volver a calentar.

★ Cocción al horno: precaliente el horno a 180 °C. Coloque los envoltorios en una charola para hornear, y meta al horno de 2 a 3 horas, hasta que la carne esté suave.

6 Para servir, deseche el papel aluminio y la primera capa de hoja de plátano; la otra consérvela como presentación del platillo. Acompañe con cebollas curadas, salsa tamulada de chile habanero y tortillas de maíz.

Si la cochinita se va a servir inmediatamente, se tiene que dejar cocer durante 2 horas. Si se va a cocer y servir posteriormente, cueza por 1 ½ horas, ya que al dejarla reposar su cocción continúa, además del tiempo de recalentado que terminará la cocción.

Mole de olla

Rinde: 6 porciones
Preparación: 30 min
Cocción: 1 h 20 min
Costo: 2
Dificultad: 1

PLATO FUERTE

INGREDIENTES

1 elote

4 xoconostles

1 kg de chambarete de res sin hueso

6 dientes de ajo partidos por la mitad

½ cebolla

4 ℓ de agua

2 cucharadas de sal

2 zanahorias

1 chayote

1 papa mediana

150 g de ejotes

1 calabacita

16 chiles pasilla

⅓ de taza de aceite + 3 cucharadas

1 taza de cebolla troceada

300 g de jitomate

9 ramas de epazote

Guarniciones

4 limones partidos por la mitad

⅓ de taza de cebolla picada

tortillas de maíz

PROCEDIMIENTO

1. Corte el elote en seis trozos; pele los xoconostles, parta por la mitad y corte cada trozo en cuatro partes.

2. Cueza la carne en una olla de presión, con tres dientes de ajo, la cebolla, dos litros de agua, el elote, los xoconostles y una cucharada de sal por ½ hora a partir de que el vapor comience a escapar.

3. Pele las zanahorias, el chayote y la papa; córtelos en cubos de 3 centímetros por lado aproximadamente; corte la calabacita de la misma forma y los ejotes en trozos de 5 centímetros aproximadamente.

4. Cueza todas las verduras en dos litros de agua con dos cucharaditas de sal; reserve las verduras y el agua de cocción por separado.

5. Retire rabos, semillas y venas de los chiles y trocéelos.

6. Caliente un tercio de taza del aceite y fría la cebolla con tres dientes de ajo y el jitomate; ya fritos, añada los chiles y sofríalos ligeramente. Vierta seis tazas del agua de cocción de las verduras y cueza hasta que los chiles estén suaves. Deje enfriar y licue poco a poco con el agua de cocción de las verduras o de la carne, y cuando obtenga un puré terso, cuele.

7. Caliente tres cucharadas de aceite y fría la mezcla anterior por 20 minutos.

8. Ponga sobre el fuego la carne con su caldo, vierta la salsa frita de chile pasilla, las verduras cocidas y el epazote; hierva por 10 minutos, pruebe y ajuste la sal.

9. Sirva caliente con las guarniciones, para que cada comensal se sirva al gusto.

Este mole tradicionalmente se hace en una olla de barro, en donde se cuece la carne, a la que se le añade una salsa o mole de chile pasilla. La versión clásica se prepara con chambarete de res, pero en ocasiones se cocina con cola de res o espinazo de cerdo. Se sirve como un único tiempo, ya que es una porción generosa.

Mole
poblano

Rinde:	6-8 porciones
Preparación:	30 min
Cocción:	1 hora
Costo:	2
Dificultad:	3

PLATO FUERTE

INGREDIENTES

⅓ de taza de manteca de cerdo

8 chiles mulatos despepitados (reserve las semillas)

5 chiles anchos despepitados, (reserve las semillas)

6 chiles pasillas despepitados, (reserve las semillas)

4 chiles chipotles despepitados (reserve las semillas)

1 rama de romero

2 ramas de tomillo

2 cucharadas de pasitas

6 cucharadas de ajonjolí

1 cucharada de semillas de los chiles

2 cucharadas de cacahuate pelado

15 almendras con cáscara

1 cucharada de pepitas de calabaza peladas

1 tortilla seca troceada

½ bolillo duro rebanado

2 tomates pelados y asados

1 jitomate asado, pelado y despepitado

3 dientes de ajo

⅛ de cucharadita de semillas de anís tostadas

⅛ de cucharadita de semillas de cilantro tostadas

6 pimientas gordas asadas

3 clavos de olor asados

½ raja de canela asada

4 tazas de caldo de pollo

2 tablillas de chocolate en trozos

sal al gusto

½ taza de ajonjolí tostado

8 piezas de pollo o guajolote cocidas

PROCEDIMIENTO

1. En una cazuela grande caliente la manteca y fría ligeramente los chiles; evite que se quemen y retírelos. En la misma manteca fría el romero con el tomillo y retírelos.

2. Fría en la manteca aromatizada separadamente las pasitas, las semillas de chiles, el ajonjolí, el cacahuate, las almendras y por último las pepitas de calabaza. En la misma cazuela fría la tortilla y después el pan, regrese todos los ingredientes a ésta.

3. Quiebre los chiles fritos con las manos encima de la mezcla anterior y continúe friendo a fuego bajo por unos minutos.

4. Agregue los tomates, el jitomate, los ajos, las semillas de anís y de cilantro, así como las pimientas, los clavos de olor y la canela. Mueva constantemente para evitar que se queme.

5. Incorporados y fritos todos los ingredientes, añada dos tazas del caldo. Muela poco a poco la mezcla; si fuera necesario, agregue un poco más del caldo para facilitar el proceso.

6. Coloque en la cazuela la salsa obtenida e incorpore el chocolate; mantenga a fuego bajo sin dejar de mover. Añada el resto del caldo caliente y cocine durante 20 minutos aproximadamente. Si fuera necesario, agregue más caldo y mantenga en el fuego por 15 minutos más.

7. Sazone y sirva con las piezas de pollo o guajolote y el ajonjolí.

Capirotada

Rinde:	6-8 porciones
Preparación:	15 min
Cocción:	35 min
Costo:	2
Dificultad:	1

POSTRE

INGREDIENTES

Miel de piloncillo

3 tazas de agua

400 g de piloncillo

1 cucharadita de semillas de anís

1 raja de canela

la cáscara de 1 limón

Armado

4 teleras o bolillos fríos, rebanados y dorados en el horno

150 g de queso adobera o Cotija en rebanadas

1 taza de pasitas

1 taza de almendras

PROCEDIMIENTO

Miel de piloncillo

1. Hierva el agua con el piloncillo, el anís, la canela y la cáscara de limón hasta que se reduzca a la mitad.

Armado

1. Precaliente el horno a 150 °C.

2. En una cazuela o refractario acomode una capa de rebanadas de pan, una de queso, pasitas, almendras y miel de piloncillo. Continúe hasta terminar con la miel.

3. Hornee durante 25 minutos aproximadamente.

Esta versión de capirotada es una de las más comunes; existen otras donde el pan se fríe en manteca u otras que incluyen diversos ingredientes como cacahuates, ciruela pasa e incluso jitomate y cebolla. Otra versión sustituye la miel por una salsa de leche con yemas y azúcar.

Cebiche
de pescado

Rinde: 4 porciones
Preparación: 5 min
Costo: 2
Dificultad: 1

ENTRADA

INGREDIENTES

800 g de filete de cojinova
cortado en cubos

1 cucharadita de ají limo picado

1 cucharada de ajo molido

2 cucharadas de apio picado

1 cucharada de cilantro picado

sal y pimienta al gusto

el jugo de 20 limones

1 taza de cebolla morada
en juliana

½ taza de caldo de pescado

1 taza de elote desgranado
cocido

4 rodajas de camote cocido

rodajas de ají limo para decorar

hojas de lechuga para decorar

PROCEDIMIENTO

1. Mezcle la cojinova con el ají limo, el ajo, el apio y el cilantro; salpimiente, vierta el jugo de limón y deje reposar por tan sólo 30 segundos.

2. Añada la cebolla y el caldo de pescado, mezcle bien y sirva el cebiche en platos hondos decorados con los granos de elote, las rodajas de camote, las rodajas de ají limo y las hojas de lechuga.

El ají limo es un tipo de chile fresco de sabor picante, utilizado comúnmente en los cebiches peruanos. Si no lo encuentra puede sustituirlo por algún otro como habanero, manzano o serrano.

Choros
a la chalaca

Rinde:	6 porciones
Preparación:	15 min
Cocción:	12 min
Costo:	2
Dificultad:	1

ENTRADA

INGREDIENTES

24 choros grandes, limpios, con caparazón

1 taza de agua

hojas de perejil

1 taza de cebolla morada cortada en cubos chicos

½ taza de ají amarillo cortado en cubos chicos

1 taza de jitomate sin piel ni semillas, cortado en cubos chicos

½ taza de cebolla cambray con rabo picada finamente

4 cucharadas de ají limo picado en cubos chicos

2 cucharadas de perejil picado

2 cucharadas de cilantro picado

1 cucharadita de kion rallado

1 cucharadita de ajo picado

el jugo de 10 limones

sal y pimienta al gusto

yuyo al gusto

PROCEDIMIENTO

1. Cueza los choros con el agua y el perejil hasta que se abran los caparazones; límpielos y reserve el agua de cocción y la mitad de los caparazones.

2. Mezcle los ingredientes restantes (excepto el yuyo que coció con el agua que reservó); verifique la sazón.

3. Sirva los choros con su caparazón y coloque encima la chalaquita de cebolla con su jugo. Decore con el yuyo cocido y picado.

En el Perú se llama kion al jengibre.

El yuyo es un tipo de alga marina de coloración verde, marrón, rojiza o casi negra. Existen varias especies y se utiliza desde la época prehispánica.

Choro es el término peruano para designar a los mejillones y chalaca o chalaquita se refiere a un preparado hecho generalmente de cebolla, ají y jitomate picados finamente y aderezados con jugo de limón y condimentos.

Ají de gallina

Rinde: 4 porciones
Preparación: 20 min
Cocción: 40 min
Costo: 2
Dificultad: 2

PLATO FUERTE

INGREDIENTES

2 cucharadas de aceite de oliva

2 cucharadas de aderezo
de cebolla

1 cucharada de pasta de ajo
(ver p. 148)

4 cucharadas de pasta de ají
amarillo

1/2 taza de nueces tostadas

1 pan francés remojado en leche

4 tazas de caldo de gallina
concentrado

la carne deshebrada de 1 gallina
cocida

sal y pimienta al gusto

hojas de huacatay al gusto

arroz cocido con granos de elote
al gusto

4 papas amarillas cocidas

4 aceitunas negras

1/8 de taza de nueces fileteadas

2 huevos cocidos

PROCEDIMIENTO

1. En una olla de barro caliente el aceite de oliva y dore el aderezo de cebolla, las pastas de ajo asado y de ají amarillo durante 2 o 3 minutos a fuego medio.

2. Añada las nueces tostadas y el pan francés. Mezcle bien e incorpore dos tazas del caldo de gallina. Deje hervir durante unos minutos y licue.

3. Regrese la preparación a la misma olla y vierta el caldo de gallina restante y la carne deshebrada. Si está muy seco, incorpore más caldo o leche evaporada. Sazone con sal, pimienta y las hojas de huacatay. Una vez cocidos todos los ingredientes, verifique la sazón y retire el huacatay.

4. Sirva en platos hondos y acompañe con el arroz cocido y las papas. Decore con las aceitunas negras, las nueces y los huevos cocidos.

Para el aderezo de cebolla cueza durante 2 horas a fuego muy bajo en 1/2 taza de aceite de oliva 1 kg de cebolla morada picada finamente. Deje enfríar, licue y conserve en un frasco tapado en refrigeración.

Para la pasta de ají amarillo, lave 1/2 kg de ajíes amarillos y retire los rabos, las venas y las semillas. Cuézalos en abundante agua por 10 minutos, lávelos y quíteles la piel. Salteelos en 2 cucharadas de aceite de oliva, deje enfriar, licue y conserve la pasta en refrigeración dentro de un recipiente hermético.

El huacatay es una planta de intenso aroma muy utilizada en la comida peruana como condimento, y es uno de los ingredientes esenciales del sabor original de la cocina peruana. Se conoce en Europa como chinchilla o menta americana.

Anticucho
de corazón

Rinde:	4 porciones
Preparación:	20 min
Marinación:	3 h
Cocción:	30 min
Costo:	2
Dificultad:	2
Material específico:	16 brochetas

PLATO FUERTE

INGREDIENTES

1 corazón de ternera limpio

1 taza de pasta de ají panca

2 cucharadas de pasta de ajo

¼ de taza de vinagre de vino tinto

1 cucharada de orégano fresco molido

½ taza de aceite

comino al gusto

sal y pimienta al gusto

1 taza de rocoto molido

1 cucharada de cebolla cambray picada

el jugo de ½ limón

4 papas medianas cocidas

aceite

4 hojas de elote

2 elotes cocidos cortados por la mitad

PROCEDIMIENTO

1 Corte el corazón en forma de bisteces y después en trozos. Sumerja en agua fría las brochetas durante 10 minutos.

2 Inserte tres trozos de corazón en cada brocheta. Resérvelos.

3 Mezcle en un recipiente las pastas de ají panca y de ajo asado, el vinagre, el orégano, el aceite, el comino, la sal y la pimienta; integre todos los ingredientes muy bien o lícuelos. Vierta sobre los anticuchos y deje marinar de 2 a 3 horas (de preferencia una noche).

4 Mezcle el rocoto molido con la cebolla cambray y el jugo de limón. Reserve.

5 Cueza los anticuchos sobre la parrilla hasta que estén dorados.

6 Fría las papas en abundante aceite durante unos minutos hasta dorarlas.

7 Sirva los anticuchos sobre las hojas de elote y acompañe con las papas, los elotes y el rocoto molido que reservó.

Para la pasta de ajo, ponga en una olla ½ kg de ajo y ½ taza de aceite de oliva. Deje sobre el fuego hasta que el ajo esté confitado, cuele, enfríe, muela y conserve en refigeración.

Para hacer la pasta de ají panca retire las venas y semillas de los ajíes; déjelos en remojo por 9 horas en agua, cambiándola tres veces; después hierva y muela los ajíes. Un buen sustituto es el chile guajillo.

PERÚ

Rinde:	4 porciones
Preparación:	25 min
Costo:	1
Dificultad:	1
Material específico:	4 aros metálicos

PLATO FUERTE

Causa
a la limeña

INGREDIENTES

Masa de papa

4 papas amarillas grandes cocidas, hechas puré

½ taza de ají amarillo licuado

el jugo de 2 limones

¼ de taza de aceite

sal al gusto

Relleno

½ taza de cebolla cortada en cubos chicos

½ taza de mayonesa

2 latas de atún drenado

Armado

1 aguacate cortado en láminas

2 jitomates en rodajas

4 huevos cocidos y cortados en rodajas

Presentación

20 láminas de aguacate

4 medias lunas de huevo cocido

4 cucharadas de salsa huancaína

1 aceituna negra sin hueso partida en cuatro

PROCEDIMIENTO

Masa de papa

1. Mezcle en un recipiente el puré de papas, el ají amarillo, el jugo de limón, el aceite y la sal. Integre todos los ingredientes con las manos y reserve.

Relleno

1. Incorpore en un recipiente la cebolla, la mayonesa y el atún.

Armado

1. Coloque en un aro una capa de masa de papa; ponga encima una capa de aguacate en láminas, una cuarta parte del relleno, una capa de jitomate y una capa de huevo. Cubra con otra capa de papa. Repita los pasos anteriores con los aros restantes.

2. Desmolde y decore con las láminas de aguacate, el huevo, la salsa huancaína y un trozo de aceituna.

Para la salsa huancaína, fría en ¼ de taza de aceite 3 ajíes amarillos limpios y ½ cebolla morada picada durante 6 minutos. Añada 1 rebanada de pan blanco, ¼ de taza de leche evaporada y licue con 250 g de queso fresco.

Chupe
de camarones

Rinde: 4 porciones
Preparación: 20 min
Cocción: 35 min
Costo: 3
Dificultad: 2

PLATO FUERTE

INGREDIENTES

1 cucharada de aceite de oliva

1 cucharada de aderezo de cebolla (ver p. 146)

1 cucharadita de pasta de ajo asado (ver p. 148)

2 cucharadas de pasta de ají panca (ver p. 148)

1 cucharadita de coral de camarones

4 tazas de caldo de camarón

1 elote cortado en trozos

½ taza de arroz lavado y escurrido

sal y pimienta al gusto

comino molido al gusto

½ taza de habas frescas

2 papas peladas y cortadas en cubos

4 hojas de col

32 camarones limpios

4 camarones gigantes, enteros y limpios

½ taza de queso fresco en cubos

1 cucharada de orégano fresco

1 cucharada de huacatay picado

1 taza de leche evaporada

1 clara de huevo batida

4 huevos escalfados

hojas de huacatay para decorar

4 rebanadas de pan campesino frito

PROCEDIMIENTO

1 Caliente en una olla el aceite de oliva y sofría el aderezo de cebolla, las pastas de ajo y ají panca y el coral de camarones. Ya sofrito, vierta el caldo de camarón, y cuando hierva añada los trozos de elote y el arroz; cueza por 15 minutos y sazone con sal, pimienta y comino.

2 Agregue a la olla las habas, las papas y las hojas de col; cueza a fuego medio durante 10 minutos y añada todos los camarones, el queso, el orégano y el huacatay. Deje sobre el fuego por 5 minutos.

3 Vierta la leche evaporada y la clara de huevo; verifique la sazón y en cuanto hierva retire del fuego.

4 Sirva el chupe en platos hondos con un huevo escalfado por porción, una rebanada de pan y las hojas de huacatay.

El coral de camarón es la sustancia que se encuentra en el interior de la cabeza de éste.

Arroz zambito

RInde:	6 porciones
Preparación:	5 min
Cocción:	1 h
Costo:	1
Dificultad:	1

POSTRE

INGREDIENTES

1 litro de agua

1 taza de arroz

2 rajas de canela

6 clavos de olor

100 g de pasitas negras

200 g de piloncillo rallado

3 latas de leche evaporada

½ taza de azúcar

50 g de coco rallado

canela molida al gusto

PROCEDIMIENTO

1 Hierva el agua con el arroz, la canela y los clavos a fuego medio. Cuando esté cocido, agregue las pasas, el piloncillo, la leche evaporada y el azúcar. Hierva durante 15 minutos más y mueva constantemente sobre el fuego hasta que esté cremoso.

2 Sirva tibio, a temperatura ambiente o frío decorado con el coco y la canela.

Si desea más dulce el arroz, agregue más piloncillo o azúcar.

Fondue

Rinde:	6 porciones
Preparación:	20 min
Cocción:	20-25 min
Costo:	3
Dificultad:	1
Material específico:	Recipiente para fondue, pinchos para fondue

ENTRADA

INGREDIENTES

500 g de pan campesino

400 g de queso gruyere

400 g de queso emmental

400 g de queso comté

1 diente de ajo pelado partido por mitad

400 ml de vino blanco seco

1 cucharada de fécula de maíz

60 ml de kirsch

pimienta recién molida al gusto

PROCEDIMIENTO

1. Corte el pan en cubos grandes y resérvelos.

2. Corte los quesos en láminas. Frote el interior del recipiente para fondue con el diente de ajo.

3. Vierta dentro del recipiente el vino blanco y caliente a fuego bajo hasta que hierva. Añada los quesos y mezcle continuamente con una cuchara de madera hasta que estén fundidos por completo. Agregue abundante pimienta.

4. Disuelva la fécula en el kirsch y vierta en el queso fundido. Mezcle bien.

5. Para servir, coloque el recipiente del fondue en el centro de la mesa, junto con el pan y los pinchos para fondue.

La receta del fondue de Neuchâtel se compone de una parte de gruyère, una parte de emmental y otra parte de vacherin. En Suiza oriental es mezclado con un poco de sidra y aguardiente de manzanas. El fondue de Fribourg, cuando es hecho únicamente con vacherin, no contiene alcohol y puede ser servido con papas; no debe hervir, pues si no el queso se cuajaría. En la región de Valais se mezclan puré de jitomate y queso raclette, fundido con un poco de fécula y de vino blanco; se acompaña generalmente con papas hervidas.

Sopa de pollo
y coco

Rinde:	4 porciones
Preparación:	10 min
Cocción:	25 min
Costo:	2
Dificultad:	1

SOPA

INGREDIENTES

1 trozo de 5 cm de galanga pelada y cortada en rebanadas finas

2 tazas de leche de coco

2 tazas de caldo de pollo

3 filetes de pechugas de pollo, cortadas en tiras finas

1-2 cucharaditas de chiles de árbol rojos picados finamente

2 cucharadas de salsa de pescado

1 cucharadita de azúcar morena fina

¼ de taza de hojas de cilantro

PROCEDIMIENTO

1. Cueza a fuego lento la galanga, la leche de coco y el caldo de pollo durante 10 minutos.

2. Añada las tiras de pechuga de pollo con el chile de árbol. Cueza por 10 minutos más.

3. Incorpore la salsa de pescado y el azúcar morena, mezcle bien. Deje que los sabores se integren; agregue al final las hojas de cilantro y sírvalo inmediatamente.

La galanga es un ingrediente típico de la cocina tailandesa. Es una raíz con un ligero aroma a alcanfor. No tiene un sustituto, pero una opción en caso de que no la consiga es utilizar jengibre.

Asegúrese de utilizar leche de coco y no la sustituya por crema de coco, ya que ésta es dulce.

Phad thai

Rinde:	4 porciones
Preparación:	15 min
Cocción:	20 min
Costo:	2
Dificultad:	2

PLATO FUERTE

INGREDIENTES

250 g de tallarines de arroz

2 cucharadas de aceite

3 dientes de ajo picados finamente

4 cucharadas de cebolla picada

1 cucharadita de chiles de árbol rojos picados

150 g de carne de cerdo cortada en tiras finas

100 g de camarones pacotilla

2 cucharadas de salsa de pescado

2 cucharadas de jugo de limón

2 cucharaditas de azúcar morena

2 huevos batidos ligeramente

1 taza de brotes de soya

ramas de cilantro fresco

¼ de taza de cacahuates tostados

PROCEDIMIENTO

1. Hierva en agua los tallarines de arroz por 10 minutos. Escúrralos y reserve.

2. Caliente a fuego alto el aceite en un sartén o en un wok y saltee por 2 minutos el ajo, la cebolla, los chiles de árbol y las tiras de carne de cerdo. Añada los camarones y los tallarines. Tape el sartén y cueza por 1 minuto más.

3. Vierta la salsa de pescado, el jugo de limón, el azúcar y los huevos; mezcle todo muy bien con dos espátulas de madera hasta que cuaje el huevo. Agregue los brotes de soya, el cilantro y los cacahuates, deje que se incorporen los sabores, verifique la sazón y sirva.

El secreto de este plato es tener un fuego fuerte para que los ingredientes se cuezan rápidamente y conserven todos sus sabores.

Sopa de yogur
a la menta

Rinde:	4 porciones
Preparación:	5 min
Reposo:	2 h
Costo:	2
Dificultad:	1

SOPA

INGREDIENTES

1 pepino pelado, sin semillas y rallado

100 ml de leche

las hojas de 20 ramas de menta fresca picadas finamente

250 ml de yogur natural

120 ml de crema para batir

garam masala al gusto

hojas de menta, cortadas en tiras finas

aceite de oliva al gusto

sal al gusto

PROCEDIMIENTO

1 Mezcle en una sopera o ensaladera el pepino rallado y exprimido ligeramente, la leche y los demás ingredientes; mezcle, tape y refrigere por 2 horas antes de servir; decore con las tiras de menta y aceite de oliva.

El garam masala es una mezcla de especias molidas utilizada en la cocina del Medio Oriente e India. Existen variantes regionales, pero los ingredientes comunes son comino, clavo, canela, cardamomo, nuez moscada y pimienta.

Puede moler esta sopa para obtener una textura de crema.

Pabellón
criollo

Rinde:	6 porciones
Preparación:	25 min
Cocción:	1 h 10 min
Costo:	2
Dificultad:	1

PLATO FUERTE

INGREDIENTES

1 kg de falda de res

¼ de cebolla

1 diente de ajo

4 cucharadas de aceite

½ taza de pimiento cortado en cubos pequeños

2 cebollas picadas

4 dientes de ajo picados

1 ají dulce picado

4 jitomates cortados en cubos pequeños

½ cucharadita de achiote

1 pizca de comino molido

3 tazas de frijoles negros cocidos

3 tazas de arroz blanco

3 plátanos machos

1 taza de aceite

sal al gusto

PROCEDIMIENTO

1. Cueza la carne en agua con sal, el ¼ de cebolla y el ajo. Deje enfriar y deshebre finamente. Reserve un poco del caldo.

2. Prepare un sofrito friendo en 4 cucharadas de aceite el pimiento, las cebollas, el ajo, el ají dulce, el jitomate y el achiote, agregue sal y comino. Cuando esté guisado reserve ½ taza de esta salsa y al resto agréguele la carne y deje cocinar por unos minutos; si se reseca agregue un poco de caldo de la cocción de la carne.

3. Caliente los frijoles con muy poco caldo y agrégueles la ½ taza de sofrito que reservó. Deje que se consuma el líquido y retire del fuego.

4. Pele los plátanos y córtelos en rebanadas. Fríalas en el aceite bien caliente hasta que se doren ligeramente. Escúrralas en papel absorbente.

5. Sirva en un plato carne, frijoles negros, arroz y las rebanadas de plátano.

Rollos
de cerdo y cangrejo

Rinde: 8 porciones
Preparación: 20 min
Cocción: 30 min
Costo: 2
Dificultad: 2

ENTRADA

INGREDIENTES

60 g de fideos vietnamitas

2 cucharadas de aceite

3 cebollas cambray con rabos cortadas en rebanadas

200 g de carne de cerdo cortada en tiras delgadas

200 g de carne de cangrejo

1 zanahoria grande cortada en bastones finos

1 cucharada de salsa de pescado

sal y pimienta al gusto

8 hojas de arroz para rollos

1 lechuga

PROCEDIMIENTO

1. Remoje los fideos en agua hirviendo por 2 minutos y cuélelos.

2. Caliente el aceite y sofría las cebollas cambray con la carne de cerdo. Agregue la carne de cangrejo, la zanahoria, los fideos, la salsa de pescado, sal y pimienta. Deje sobre el fuego hasta que la carne de cerdo esté cocida. Deje enfriar.

3. Sumerja en agua caliente las hojas de arroz de una en una hasta que estén suaves. Ponga una hoja de lechuga encima y un poco de carne en una orilla; cubra ésta y dele vuelta cubriendo el relleno con los extremos, enrolle hasta cubrir completamente.

4. Sirva a temperatura ambiente.

Si desea, corte los rollos por la mitad y acompáñelos con salsa agridulce.

Rinde:	4-6 porciones
Preparación:	30 min
Cocción:	20-30 min
Costo:	2
Dificultad:	1

PLATO FUERTE

Pollo

salteado con hierba de limón

INGREDIENTES

2 cucharadas de aceite

1 cebolla fileteada

4 dientes de ajo pelados
y picados

1 trozo de 5 cm de jengibre
fresco, pelado y rallado

3 tallos de hierba de limón
(la parte blanca), cortada
en rodajas finas

2-3 cucharaditas de chiles verdes,
picados

½ kg de pollo en trozos
medianos

2 cucharaditas de azúcar

1 cucharada de salsa de pescado

3 cucharadas de salsa de soya.

ajonjolí tostado para decorar
(opcional)

menta vietnamita (opcional)

PROCEDIMIENTO

1. Caliente el aceite en un sartén de fondo grueso o en un wok y añada la cebolla, el ajo, el jengibre, la hierba de limón y los chiles. Saltee de 3 a 5 minutos a fuego medio hasta que la mezcla esté ligeramente dorada. Retire del sartén y reserve.

2. En el mismo sartén dore el pollo. Espolvoree el azúcar y dórelo por 5 minutos, removiendo regularmente hasta que esté cocido.

3. Incorpore las salsas de pescado y de soya, cueza por 2 minutos más y sirva decorado con el ajonjolí y la menta vietnamita.

La hierba de limón es lo que en México se conoce comúnmente con el nombre de té limón.

Es importante que el sartén o wok esté lo suficientemente caliente para que los ingredientes se cuezan con rapidez y conserven sus jugos.

ÍNDICES

Platos Fuertes

Postres

ÍNDICES

Recetas

Ingredientes,

ÍNDICES

Ingredientes

Esta obra se terminó de imprimir en el mes de septiembre de 2010,
en Editorial Impresora Apolo, S.A. de C.V.,
Centeno 150-6, Col. Granjas Esmeralda,
09810 México, D.F.

31901051166983